SIMPLES
SIMPLES
MENTE
FELIZ

Marcelo Alexandre

SIMPLES
SIMPLES
MENTE
FELIZ

A felicidade de poder
conduzir sua vida
com paz e simplicidade

M.Books do Brasil Editora Ltda.
Rua Jorge Americano, 61 - Alto da Lapa
05083-130 - São Paulo - SP - Telefones: (11) 3645-0409 / (11) 3645-0410
Fax: (11) 3832-0335 - e-mail: vendas@mbooks.com.br

Dados de Catalogação na Publicação

ALEXANDRE, Marcelo.
Simples, Simplesmente Feliz / Marcelo Alexandre.
2011 – São Paulo – M.Books do Brasil Editora Ltda.

1. Autodesenvolvimento   2. Psicologia   3. Recursos Humanos

ISBN 978-85-7680-115-3

©2011 Marcelo Alexandre
www.marceloalexandre.com.br

EDITOR
Milton Mira de Assumpção Filho

PRODUÇÃO EDITORIAL
Beatriz Simões e Lucimara Leal

REVISÃO
Lucrécia de Barros Freitas

COORDENAÇÃO GRÁFICA
Silas Camargo

EDITORAÇÃO
Marcelo Alexandre

CAPA
Douglas Lucas

2011
M.Books do Brasil Editora Ltda.
Todos os direitos reservados.
Proibida a reprodução total ou parcial.
Os infratores serão punidos na forma da lei.

Para *Simone*, minha doce esposa.
A simplicidade do seu amor me cativou
desde o primeiro instante em que a vi.
Seu olhar singelo sempre me acalma...

Von Goethe dizia que "se tratamos as pessoas como elas devem ser, nós as ajudamos a se tornarem o que elas são capazes de ser." Eu tive o prazer de encontrar esse mesmo espírito de generosidade na vida de *Milton Mira de Assumpção Filho*, meu editor e amigo. Em nossos encontros, eu recebi muito mais do que orientações editoriais; na verdade, fui presenteado com experiências riquíssimas, com palavras que me indicaram o melhor caminho da escrita e me encorajaram a perseverar até o fim. Muito obrigado, Milton, por ter me ajudado a me tornar o que eu era capaz de ser.

SUMÁRIO

APRESENTAÇÃO ... 11

CAPÍTULO 1
  DE OLHO NO PRÊMIO
  A escolha por uma vida mais simples ... 13
    O que vou ganhar por escolher a simplicidade? ... 15
    Mais tempo para investir em você ... 16
    Mente saudável para voltar a sonhar ... 18
    Mais qualidade em seus relacionamentos ... 22

CAPÍTULO 2
  A VIDA PODE SER BEM MELHOR
  A influência da simplicidade na vida pessoal ... 27
    Quanto vale a sua felicidade? ... 29
    Quem mexeu na sua expectativa de vida? ... 31
    O melhor investimento será sempre em você ... 34
    Quem está diante do espelho? ... 41

CAPÍTULO 3
  ESTOU VOLTANDO PARA CASA
  A influência da simplicidade na vida familiar ... 47
    Lar, doce lar? ... 49
    Você precisa de uma família ao seu lado ... 53
    Sua família precisa de você ... 57
    Sua família é o primeiro degrau do seu sucesso ... 60

CAPÍTULO 4
 ATÉ ONDE VOCÊ QUER CHEGAR?
  A influência da simplicidade na vida profissional ... 67
   Para onde você está mirando? ... 69
   Você já está pronto? ... 73
   As pessoas sabem que você existe? ... 79
   O desafio é o ponto da virada ... 87

CAPÍTULO 5
 NÃO ESTAMOS SOZINHOS
  A influência da simplicidade na vida social ... 91
   A vida fora das quatro paredes ... 93
   Olhe para o seu lado ... 97
   Sua escolha, sua cidade ... 103
   Meu pé de laranja-lima ... 109

CAPÍTULO 6
 QUANDO OLHAMOS PARA CIMA
  A influência da simplicidade na vida espiritual ... 117
   Sensibilidade para perceber ... 119
   Ser feliz e mais nada? ... 124
   Carbono puro cristalizado ... 131
   Ponto de referência ... 135

APRESENTAÇÃO

S IMPLICIDADE É UM TEMA QUE SEMPRE ME ATRAIU. HÁ 30 anos como editor, reconheço que publiquei muito poucos livros deste assunto. Mesmo porque, tanto os autores brasileiros como os internacionais, pouco se atreveram a discorrer ou dedicar livros ao tema. Talvez porque seja mesmo difícil achar argumentos suficientes para justificar um livro inteiro, ou até porque o assunto não despertasse neles tantas atenções.

Acontece que o mundo tem ficado muito complicado. As novas tecnologias, as comunicações, a disseminação do conhecimento têm exigido muito mais das pessoas. O tempo tem sido escasso para todas as coisas que gostaríamos de fazer num só dia. Falta, às vezes, energia e tempo para um relacionamento saudável e necessário com as pessoas. Enfim, uma série de novas exigências tem dificultado a nossa qualidade de vida.

Há algum tempo, num evento de que participei, ouvi o Marcelo discorrer sobre a simplicidade, e fiquei realmente tocado. Ao término da cerimônia, além de dizer que havia gostado muito da maneira com que tinha abordado o tema, convidei-o a escrever um texto para publicação em forma de livro. Era um verdadeiro desafio, mas que Marcelo aceitou de pronto. Marcamos uma reunião, autor e editor, com o objetivo de elaborar um sumário detalhando a sequência de temas que seriam abordados. O foco deveria ser mais comportamental, direcionado para um público diversificado, independentemente de idade e sexo. A ideia era mostrar que, levando uma vida mais simples, livre das grandes exigências que o mundo tem colocado à nossa frente, poderíamos, sim, ter uma qualidade de vida bem melhor, principalmente nos relacionamentos pessoais e profissionais.

Eu sempre soube que o Marcelo, além de culto, tem uma facilidade muito grande de se comunicar verbalmente com as pessoas. Mas confesso que fui surpreendido pela qualidade dos textos que foi me enviando, à medida que produzia o trabalho. Foi gratificante como editor receber, ler e avaliar cada linha, cada pensamento. Principalmente porque, à medida que ia lendo, podia usufruir prazerosamente do conteúdo.

O texto ficou bom mesmo. É um livro que tenho muita satisfação em publicar. Acredito também que é uma contribuição muito importante que colocamos à disposição dos leitores. Principalmente porque é uma leitura que oferece oportunidades para as pessoas repensarem suas atitudes, seus comportamentos, suas maneiras de encarar a vida, tanto no lado pessoal quanto profissional, ou seja, dar um salto qualitativo em seu dia-a-dia.

Parabéns, Marcelo, por este brilhante texto. Você já conseguiu fazer a cabeça de um leitor... Obrigado!

MILTON MIRA DE ASSUMPÇÃO FILHO
Editor

1
DE OLHO
NO PRÊMIO

A escolha
por uma vida
mais simples

Traçamos o nosso destino
pelas escolhas que fazemos.

O QUE VOU GANHAR POR ESCOLHER A SIMPLICIDADE?

Essa pergunta está fervilhando em sua mente? Então, uma coisa é certa: *você tem personalidade*. Para que tentar tapar o sol com a peneira? As pessoas fazem suas escolhas pelas vantagens que podem receber. Assim gira o mundo em que vivemos... E, sinceramente, não considero esse tipo de atitude um erro.

De nada adianta *escrever*, *escrever* e *escrever* sobre a importância de decidir ter uma vida mais simples se eu não conseguir provar que você terá bons resultados depois dessa escolha. Que pessoa em sã consciência mudaria o seu estilo de vida se não fosse para melhor.

Portanto, não escreverei mais nada antes de apresentar o que realmente *conquistamos* quando somos motivados pela simplicidade.

Mais Tempo para Investir em Você

O tempo é precioso demais para ser desperdiçado. A coisa mais comum de se ver por aí são pessoas que "jogam" o seu precioso tempo na lata do lixo. A *vida é implacável*; quando você abre os olhos, já se passaram duas décadas. E o que foi conquistado nesse tempo todo?

Eu tinha um amigo "viciado" em reportagens policiais. Trabalhamos na mesma seção por alguns anos no Sistema de Proteção ao Voo de São Paulo. Não sei como conseguia; quando a noite chegava, ele assistia a todos os telejornais, *para ver as mesmas notícias*, que se repetiam programa após programa. Aquilo era suficiente para saturar a mente de qualquer ser humano normal.

Um dia, eu perdi a paciência e perguntei se ele tinha alguma dificuldade intelectual para assimilar o conteúdo das notícias ou *gostava de perder tempo mesmo*. Até insisti com ele para que lesse bons livros, estudasse mais, usasse o tempo de forma proveitosa.

> Algumas pessoas vivem assim, sequestradas pelo desperdício de tempo, sem se dar conta disso.

É comum pessoas que não conseguem administrar bem o próprio tempo viverem de mau humor, reclamando que a vida não lhes dá boas oportunidades, que somente os outros têm chance de crescer, que o mundo é um lugar injusto, que a sociedade privilegia poucos e blá-blá-blá.

O pior é que essas pessoas não conseguem perceber que estão perdendo muito tempo com esse tipo de comportamento imaturo.

> A melhor maneira de melhorar o padrão de vida está em melhorar o padrão de pensamento.
> ~ U. S. Andersen

Dizem que perda de tempo é falta de planejamento. Concordo em parte. Para mim, é muito mais por falta de simplicidade, ou, se você preferir: *nós perdemos tempo porque complicamos demais a vida.*

Muitos pensam que ser simples é ter uma postura medíocre em relação à vida ou desenvolver um estilo despojado de bens materiais. Não é nada disso! Viver com simplicidade é desenvolver atitudes que estimulem o crescimento pessoal. É ter o foco naquilo que tem potencial para motivá-lo a subir mais um degrau em sua carreira, no desenvolvimento de suas competências. É experimentar a essência das coisas, aquilo que realmente importa, e não gastar tempo demais com o que é acessório.

A simplicidade me faz descartar o que não me levará a lugar algum. Ser simples é a garantia de mais qualidade de vida porque reeducamos o nosso sistema de valores.

Três perguntas podem salvar o seu tempo. Antes de se envolver com qualquer coisa, responda... Essa atividade: *Promove crescimento pessoal? Agrega conhecimento relevante? É essencial à minha vida?*

Se apenas uma das respostas for negativa, pare e pense duas vezes antes de se ocupar com isso. O sinal de alerta

> Se você não administrar o seu tempo, alguém (ou uma circunstância) fará isso em seu lugar.

está piscando. Seu tempo está correndo grande perigo! Estão tentando administrar sua vida.

É claro que, ao longo deste livro, entraremos em mais detalhes sobre como a simplicidade pode influenciar positivamente cada área de sua vida. Por enquanto, eu quero apenas despertá-lo para os benefícios de se ter uma vida mais simples.

Por falar nisso, vamos à próxima vantagem.

MENTE SAUDÁVEL PARA VOLTAR A SONHAR

Pare um instante. Por favor, pegue duas folhas de papel e uma caneta. Agora escreva na primeira, *durante 45 segundos*, os sonhos que você teve na juventude. Depois, na segunda folha, durante o mesmo tempo, liste os sonhos que fazem parte de sua vida hoje.

Seja sincero, em qual época os sonhos transbordavam? É exatamente disso que estou falando! Quando somos jovens, sonhamos mais, acreditamos mais. Com o passar do tempo, nossa mente se contamina com as complicações da vida, e já não conseguimos mais sonhar como antes; quando muito, desejamos permanecer onde estamos, na estimada *zona de conforto*. É triste ver como há tantas pessoas que já não conseguem mais enxergar valor dentro de si; perderam a ousadia de sonhar.

Os sonhos deveriam nos contagiar em qualquer época, ou melhor, *quanto mais experiência, mais sonhos deveriam brotar de nossa mente.* Mas por que isso não acontece? Sei que é deselegante, mas vou responder-lhe com outra pergunta: *O que você tem semeado em seus pensamentos?*

Quais são as suas competências? O que você faz de melhor? Em que você é realmente bom? Então, use essas singularidades para contagiar seus pensamentos. Não se preocupe com as dificuldades, com as resistências. Elas sempre vão existir, quer você dê atenção a elas ou não. Concentre-se nas coisas que fazem o seu coração bater mais forte.

A nossa vocação está ligada diretamente *ou ao que amamos, ou ao que odiamos.* Muitas pessoas, indignadas com as injustiças, tornam-se juízes, para fazer a diferença na sociedade em que vivem. Outras são tão apaixonadas pela arte que não conseguem se ver em nenhum lugar a não ser no palco, cercadas pela plateia.

Responda: *Até onde você quer chegar?* Agora lute com todas as suas forças por esse alvo! Quando sonhamos, damos sinal verde para que se desenvolva o que há de melhor dentro de nós. Eu sei que há uma paixão dentro de seu coração. Você não é de pedra! Abra o baú de suas emoções e deixe os sonhos saírem. *Isso é ser simples. Isso é viver pela simplicidade!*

É impressionante como as pessoas com mais experiência tendem a complicar a vida. O tempo deveria nos deixar mais doces, mais sábios, porém estamos muito distantes disso.

Quando eu dava aulas para futuros pilotos de helicóptero, um dos alunos mais dedicados

> Os sonhos são ilustrações... do livro que sua alma está escrevendo sobre você.
> ~*Marsha Norman*

me procurou para dizer que estava abandonando o sonho de entrar para a aviação comercial. Na mesma hora, perguntei a razão de sua desistência. Ele me respondeu: *Ah, Marcelo, eu conversei ontem com um comandante experiente... Ele me disse que o mercado para novos pilotos está em decadência, e que seria prejuízo certo investir nesta profissão.*

Não resisti: *E você acreditou? Aquele piloto só queria se livrar da concorrência! Ele estava complicando as coisas para você! Enquanto opiniões desse tipo influenciarem sua mente, seus sonhos não serão realizados. O mercado de trabalho sempre vai privilegiar quem se dedica e desempenha suas funções com excelência! Não desista por causa dos outros...*

Dois anos mais tarde, vi entrar em minha sala aquele mesmo aluno. Mas agora estava tudo diferente; ele carregava um sorriso escancarado nos lábios, sua autoestima estava nas nuvens, sem contar o orgulho por vestir o uniforme de comandante aeronáutico. Ele havia superado o desânimo e conquistado a posição de piloto auxiliar de uma companhia varejista, uma das maiores da América Latina.

Já pensou se você tivesse desistido!, foi a primeira coisa que eu disse. *É... você tinha razão, Marcelo. Não permitir que o pessimismo contaminasse minha mente foi a melhor decisão que tomei naquela época.*

Entenda o que vou lhe dizer: *Ninguém lutará pelos seus sonhos!* Não se esqueça disso: Você precisa se tornar o seu maior incentivador. Não fique esperando que as pessoas alimentem os seus ideais.

Sim, é bom demais receber elogios ou ser motivado. Não há nada melhor do que ouvir alguém nos dizer: *Eu acredito em você! Estarei do seu lado! Estou*

> A mente é a parte de sua vida na qual se trava a batalha do sucesso contra o fracasso.

torcendo por você... Porém, não é todo dia que isso acontece. Seja bem-vindo ao mundo real!

Nós vivemos em sociedades que valorizam demais a competitividade. Portanto, se pessoas estiverem do seu lado, continue! Se elas não acreditarem em sua *expertise*, continue! Você só tem um caminho a seguir: *para a frente*.

> O homem é feito de tal modo que, quando alguma coisa incendeia a sua alma, as impossibilidades desaparecem.
> ~Jean de La Fontaine

Não fique sufocado pelo emaranhado de complicações que a vida apresenta. *Seja mais simples*. Não deixe que nada contamine sua mente. Mantenha seus pensamentos fixos no alvo: a realização do sonho. E a maneira mais eficaz de eliminar um pensamento negativo é trocá-lo por um pensamento positivo. Simples assim. Quem disse que tudo tem de ser complicado?

Você já percebeu que alguns refrões de música grudam como chiclete? Se você não começar a cantar outra música logo, aquela melodia não sairá mais da cabeça. É a mesma coisa com os pensamentos negativos! Se uma ideia ruim está "grudada" em sua mente, comece agora a pensar em coisas boas, em suas expectativas profissionais, naquela viagem paradisíaca, em quanto você ainda vai conquistar nesta vida. É assim que se faz...

Estive em Manaus com um casal de amigos, para participar de um congresso. O palestrante principal, naquela ocasião, lançaria um livro sobre as lutas travadas na alma. O tema era bem interessante.

Na tarde de autógrafos, o autor me fez a seguinte dedicatória: *Você nasceu para viver acima das crises!*

> **Suas habilidades são o seu limite. Ninguém, a não ser você, pode definir o seu futuro.**

Embora seja bem provável que ele tenha feito a mesma dedicatória para dezenas de fãs, isso pouco me importava. Em meu pensamento, fiz daquela simples declaração a *minha frase*. Acreditei mesmo que *nasci para viver acima das crises*. E é exatamente isso o que vai acontecer com a minha vida.

Não se trata de ser positivista. Na verdade, eu estou decidindo que somente pensamentos saudáveis terão espaço em minha mente. Posso não ter domínio sobre todas as circunstâncias que me afetam (*e, de fato, não tenho*). Entretanto, em meu campo de domínio (*que é a minha mente*), eu decido continuar sonhando. Isso ninguém pode tirar de mim.

Mais Qualidade em Seus Relacionamentos

Uma das coisas que mais me impressionam é a capacidade de o ser humano complicar a vida, principalmente quando se trata de relacionamentos. E, por mais incrível que pareça, isso acontece quando alcançamos mais idade.

O amadurecer da vida, assim como acontece com os frutos, deveria nos deixar mais doces, mas não é isso o que vemos. As pessoas aprenderam a ser amargas umas com as outras; vivem enclausuradas em redomas emocionais. Perdoar tornou-se uma atitude antiquada, até um sinal de fraqueza, de retrocesso.

Meu Deus, que mundo é esse? Por que não podemos nos relacionar como fazem as crianças? Não estou dizendo que devemos agir com infantilidade, mas com simplicidade. A simplicidade nos faz perceber o melhor nas pessoas, e não o pior; as qualidades, e não as falhas para as quais adoramos apontar o dedo.

As crianças são simples. O autor Philip Yancey diz que "as crianças não entendem nada de relacionamento; elas simplesmente se relacionam". Mas, para os adultos, há tantas exigências profissionais, tanta preocupação em minimizar as diferenças, tanta contabilidade emocional, que quase não sobra espaço para o que, de fato, é a essência de qualquer relacionamento: *o amor que se doa, que tem prazer de estar junto*.

Meus maiores presentes são os meus amigos. Sinto-me a pessoa mais sortuda do mundo. São eles que me ouvem, que puxam a minha orelha quando estou quase cedendo a um erro, que me põem no colo quando estou desanimado. Para eles, posso abrir o coração sem medo; consigo falar do que penso sem receio de ser julgado.

Que sentido tem a vida sem bons relacionamentos? Para que uma conta bancária abarrotada de "verdinhas" se eu não tenho com quem dividir a minha alegria (*de verdade, e não por mero prazer*)?

Espere um pouco... Você está com um celular? Será que posso desafiá-lo a fazer algo que vai transformar sua vida para sempre?

Ligue para um amigo que você não vê há algum tempo.

> A vida é em parte o que fazemos dela, e em parte o que é feito pelos amigos que escolhemos.
> ~Tennessee Williams

Diga que estava pensando nele e que você resolveu dar um "oi". Pergunte se ele está precisando de alguma coisa, se gostaria de conversar.

Isso é simplicidade nos relacionamentos! Depois, se você quiser me contar como foi essa experiência, envie um e-mail para mim:

simples@marceloalexandre.com.br

Tenho certeza de que você terá uma história extraordinária para compartilhar. Podemos até aproveitar para iniciar um bom relacionamento, que tal?

Por falar em início de amizade, responda-me uma coisa: Quantos de seus amigos atuais você se programou para conhecer? Nenhum? Todos foram por mera *casualidade*?

Vou contar-lhe um segredo: comigo também foi assim. Todos os meus amigos entraram em minha vida da forma mais simples possível: *um olhar, um aperto de mãos, uma afinidade, uma semelhança aqui, outra ali.*

Se as amizades têm início de forma tão singela, por que muitas delas terminam das piores maneiras, com palavras destrutivas? Tudo bem, você já sabe o que vou responder... *Falta de simplicidade.* Em algum ponto dos relacionamentos, a simplicidade está sendo sufocada por ciúme, ira, desrespeito, egoísmo. Infelizmente, a lista é extensa.

Existe alguma solução mágica para acabar com os conflitos nos relacionamentos? É possível mudar o comportamento humano de uma hora para a outra? *Não.* Entretanto,

> **Sua qualidade de vida é determinada pela qualidade de seus relacionamentos.**

fazer o retorno e reencontrar a simplicidade já pode nos levar a um bom lugar... Um lugar para recomeçar.

. . .

Bem, esses são meus argumentos a favor de uma vida mais simples (*pelo menos parte deles*). Eu acredito mesmo que viver com mais simplicidade seja a chave que tanto procuramos para o sucesso pessoal, familiar e profissional.

> A amizade nasce no momento em que uma pessoa diz para a outra: "O quê? Você também! Pensei que eu fosse o único".
> ~C. S. Lewis

Há muito assunto a ser abordado sobre esse tema, mas, como expressei no início deste capítulo, eu precisava apresentar a você o *prêmio da simplicidade*, antes de tudo.

Nas páginas seguintes, você vai entender como a simplicidade pode transformar todas as áreas de sua vida para melhor. Gostaria de tê-lo como meu convidado.

2
A VIDA PODE
SER BEM MELHOR

A influência da
simplicidade na
vida pessoal

Não desejo uma gota a mais daquilo que eu tenha potencial para conquistar, mas também não aceito uma gota a menos.

Quanto Vale a sua Felicidade?

O MUNDO INTEIRO RECONHECE QUE A FELICIDADE É UM dos alvos mais importantes da vida. Apenas nos segundos que você gastou para iniciar a leitura deste capítulo, bilhões de pessoas estão *fazendo de tudo* para conquistar um pouco mais de alegria, um lugar mais confortável ao Sol. A luta pela sobrevivência tornou-se coisa do passado; no fundo, o que todos querem mesmo é ser felizes — na pior das hipóteses: *eternamente!*

Eu não vejo problema algum numa busca mais intensa pela felicidade; afinal, é a felicidade que dá sabor e sentido à vida. Mas uma coisa tem me preocupado mais do que gostaria: a "sede" das pessoas pela felicidade tem aumentado vertiginosamente; e sem *foco* é adequado.

Na tentativa de ter satisfação em tudo, as pessoas complicam tanto a maneira de viver que não percebem que estão perdendo a própria vida — *literalmente*. Apenas para ter uma ideia, há executivos que, na busca até sincera pela realização profissional, passam mais tempo no escritório do que com a família, amigos, consigo mesmo.

Para mim, o sinal de alerta acendeu quando eu comecei a sair para trabalhar com meu filho caçula *ainda* dormindo e a voltar para casa com ele *já* dormindo. Isso me fez refletir se tanto esforço pelo sucesso estava valendo a pena.

Não tenho a menor dúvida de que as pessoas que se esforçam acima do limite tolerável no trabalho alcançarão o sucesso profissional. Entretanto, a que preço? A felicidade é bem mais simples do que imaginamos; não adianta, ela não vem por meio da força. O segredo está em experimentá-la através de uma postura mais simples.

Sei que já lhe disseram isso inúmeras vezes, mas eu vou insistir: *sua vida é muito valiosa*. É por isso que dedico este capítulo exclusivamente a você, que quer reencontrar a felicidade sem fórmulas ou receitas.

Você vai perceber que todos os temas aqui abordados convergem para um único propósito: resgatar a vida por meio de uma visão mais verdadeira e simples da realidade.

> **Toda escolha, por mais inocente que pareça, afeta nossa vida por muito tempo.**

Mas fique tranquilo... Eu não tenho a menor pretensão de reinventar a roda ou de convidá-lo para viver no "país das maravilhas". A utopia não faz parte dos meus planos editoriais. Apenas gostaria de chamar sua atenção para *aspectos simples da vida* que nos acostumamos a deixar de lado.

Lembre-se: mudanças positivas começam com uma simples reflexão. *Pensar melhor a vida*.

> A felicidade é um sentimento simples; você pode encontrá-la e deixá-la ir embora por não perceber sua simplicidade.
> ~*Mário Quintana*

QUEM MEXEU NA SUA EXPECTATIVA DE VIDA?

Vou ser bem direto: *até que idade você gostaria de chegar?* Não precisa ser vidente para responder; apenas tente se ver no futuro curtindo a aposentadoria numa daquelas praias de cinema, com o mar plácido e esverdeado, e o céu azul quase sem nuvens; a brisa chega a ser doce.

Conseguiu imaginar? Agora volte para o presente e dê uma boa olhada em seu corpo, principalmente no quadril e na circunferência abdominal (*aquela parte que insiste em ficar rechonchuda com o passar dos anos e que os americanos chamam, gentilmente, de belly*).

Seja sincero... na "forma" em que você está hoje, é possível ter uma boa expectativa de vida? Dá para sonhar em ter os pés brincando com as ondas?

Bem, se a sua *belly* está dentro dos limites (*mas apertados*), então me responda uma coisa: quantos vãos de escada você consegue subir antes de apoiar as mãos nos joelhos e gritar por socorro?

Minha intenção não é generalizar (*há exceções, é claro*)

> **Inteligência e talento sem um corpo saudável constituem apenas dois substantivos.**

nem invadir seu estilo de vida. Entretanto, a maioria das pessoas que trabalham *muito* — na busca por uma vida melhor — investe *pouco* ou quase nada no corpo. Tudo isso não é nenhuma novidade, você sabe. Só que essas pessoas não percebem que estão bem perto do ponto sem retorno.

O *American Journal of Epidemiology* publicou um estudo em 2009 que deveria despertar nossa preocupação:

> Horas de trabalho em excesso são comuns em todo o mundo; por exemplo, nos países membros da União Europeia, entre 12% e 17% dos empregados trabalharam além do tempo em 2001. O excesso tem sido associado a reações cardiovasculares e imunológicas, redução da duração do sono, estilo de vida nada saudável e consequências adversas para a saúde, como doenças do coração, diabetes, fadiga e depressão. Há também uma evidência crescente que sugere que o excesso de trabalho causa demência tardia.

Existem centenas de fatores que afetam a expectativa de vida. E ainda não temos domínio sobre a maioria deles. Se há casos de hipertensão em minha família, por exemplo, preciso ficar mais atento às reações de meu corpo e procurar o médico com mais frequência, pois não tenho poder para alterar essa herança genética. Ou, mesmo que eu dirija meu carro com segurança e atenção, não há como impedir que um motorista "de mal com a vida" avance o sinal vermelho e venha para cima de mim com tudo.

Nossa vida depende de causas sobre as quais não temos o menor controle, mas existem outras formas de desgaste do corpo que nós mesmos provocamos (*às vezes, com a melhor das intenções*).

O excesso de trabalho é uma delas; e talvez seja a que menos levamos a sério. Eu não estou falando daqueles que têm necessidade compulsiva de trabalhar em excesso, os *workaholics*. Estes já estão sequestrados pelo vício, infelizmente. O que me deixa realmente perplexo é que esse exagero tem sido percebido em *pessoas normais*, que trabalham muito porque desejam dar o melhor para a família. Só que elas se esquecem de que o corpo humano não suporta pressões tão intensas; o limite pode estar perto demais. O colapso pode ser apenas uma questão de tempo.

Não estou dizendo que você deve, a partir de agora, jogar sua carreira para o alto ou colocar seu chefe contra a parede. Não é nada disso. Minha intenção é alertá-lo para uma situação que talvez você nem esteja enxergando: *seu corpo precisa de mais atenção*.

Certa vez, encontrei um vizinho no elevador, à noite. Ele apontou para o rosto tomado por *vitiligo* e lamentou: *Foi isso o que ganhei por ter dedicado tempo demais a uma instituição*. Vi a tristeza no olhar de um homem que havia passado do ponto de retorno. Ele sentia na pele o resultado da escolha por trabalhar demais. Horas a mais no trabalho podem começar por causa de uma dedicação admirável, mas podem acabar num vício deplorável.

E onde entra a simplicidade nessa história? Todo ser humano tem um limite próprio. E é preciso simplicidade para percebê-lo e escolher diminuir o ritmo se for preciso.

Você é responsável por sua saúde. Se você adoecer, as pessoas vão lhe enviar e-mails ca-

> O maior erro que um homem pode cometer é sacrificar a sua saúde a qualquer outra vantagem.
> ~Arthur Schopenhauer

rinhosos, com certeza; algumas até aparecerão em sua casa para lhe fazer uma visita surpresa. Mas desculpe-me a franqueza: *isso vai durar apenas uma semana.* Quando você menos perceber, todos estarão de volta à estrada sãos e salvos, *menos você.*

Reserve um tempo para sua saúde nesta semana. Não haverá mais carreira se você "partir". Procure um bom médico, faça alguns exames. São atitudes simples que podem salvar sua vida. Assim, aqueles anos de descanso com os quais você tanto sonha (*e merece!*) serão reais.

O Melhor Investimento Será Sempre em Você

Você investiria suas economias na compra de ações de uma empresa que *eu* indicasse? Sem problemas, pode deixar a gentileza de lado e me dizer um *não* bem sonoro! Você está certo. Sou apenas um escritor, e não um analista financeiro. Para cada tipo de investimento, há um especialista que pode dar as melhores dicas para o sucesso.

Todo mundo sabe a quem procurar quando quer fazer um investimento seguro e rentável. Mas raros são aqueles que veem a si mesmos como o alvo de um bom investimento. Eu não me refiro aos cuidados com a aparência; isso já fazemos com excelência. *Estou falando sobre investir em você por dentro.*

> **Muitas escolhas parecem inocentes até surgirem as consequências.**

Você já se perguntou por que a medicina raramente noticia casos de câncer no coração? (*O último levou a vida do baterista da banda de rock Kiss, Eric Carr, em 1991.*) Simplesmente, porque as células do coração não se reproduzem. Portanto, mesmo um infarto leve vai causar um trauma irreversível no tecido cardíaco. Pense nisso...

> Simplicidade é isto: quando o coração busca uma coisa só.
> ~Rubem Alves

De que forma você pode investir em seu coração? A resposta é extremamente simples: *com dois movimentos* — o *gástrico* e o *corporal*. O primeiro, você deve diminuir significativamente; o segundo, aumentar conscientemente. Se você espera ter um coração saudável, esses movimentos precisam ser realizados *juntos*. Regularidade sempre é a melhor atitude para a saúde do coração.

Parece brincadeira, mas é isso o que realmente funciona. No entanto, as pessoas preferem fazer dietas complexas (*e até radicais*) a fechar a boca. Com relação ao corpo, elas tendem a seguir o mesmo caminho: em vez de se exercitarem regularmente e com moderação, passam o sábado inteiro na academia, levando o corpo a um nível de estresse físico, às vezes, insuportável.

Você já deve ter ouvido a expressão "é mais fácil derrubar o muro do que erguê-lo". Bem, para cuidar do coração, há certa semelhança, ou seja, a saúde é erguida *tijolo por tijolo*. Então, isso requer de você *paciência* e *disciplina*, exatamente as atitudes das quais todo mundo foge.

Não há segredo ou fórmula mágica aqui; *o corpo humano precisa de movimento*. Por isso, eu poderia listar uma série de exercícios físicos para ajudar você a se movimentar mais, a fim de que seu coração adquira bom condicionamento. Mas já existem milhares de livros que tratam desse assunto

> As oportunidades nunca são perdidas; alguém sempre vai aproveitar as que você perdeu.

com muita propriedade, sem falar dos *personal trainers*, que fazem sucesso entre aqueles que querem exibir contornos elegantes no verão, sem as indesejadas gorduras localizadas. Tanto os livros quanto os treinadores pessoais possuem *know-how* muito mais elevado do que o meu.

Na verdade, a visão que tenho sobre condicionamento físico é mais *informal*, essencialmente *metropolitana* e se adequa à *individualidade* — é o que poderíamos chamar de "treinamento conveniente".

Não se trata de novidade alguma — é tudo muito simples, afinal, este é um livro sobre a simplicidade. Inclusive, o que vou lhe sugerir, já foi proposto por vários profissionais de saúde. Apenas dei um nome que se diferenciasse dos demais métodos — coisas de escritor.

Tudo começa com o famoso "**em vez de**":

- **Em vez de** colocar as sacolas do supermercado no carrinho do condomínio, *leve-as nas mãos*. Seus bíceps vão agradecê-lo pelo resto da vida.

- **Em vez de** sempre tentar estacionar o carro próximo ao acesso às lojas do shopping, *pare um pouco mais longe*. Suas pernas vão dar um *show* no Verão.

- **Em vez de** ficar praguejando por causa de uma pane na escada rolante, *suba de escadas*. Não se esqueça: escadas são amigas, e não inimigas.

- **Em vez de** reclamar do vizinho de baixo, que está segurando a porta do elevador aberta, *desça de escadas*. Suas pernas se fortalecerão, e você pode ganhar, além de saúde, bastante tempo.

• **Em vez de** buscar o filme que você quer assistir de carro (lembre-se: você mora bem perto da locadora), *vá caminhando*. Andar faz bem para o corpo e alma.

• **Em vez de** ir ao parque só para devorar mais um *hot dog* transbordando calorias, *passeie pelo mesmo parque de bicicleta*. É maravilhoso observar a vida em movimento.

• **Em vez de** ficar sentado por oito horas vidrado diante do computador do escritório, *levante e dê uma volta a cada duas horas*. Faz bem olhar o céu pela janela.

• **Em vez de** presentear seu filho com um *video game* de última geração, *ensine-o a brincar como você fazia na infância*. Boas lembranças nos renovam...

• **Em vez de** dizer que a casa está uma bagunça, *passe o aspirador de pó na sala, lave a louça, dobre as roupas que já estão secas na área de serviço*. Certamente, você vai ganhar pontos importantes com sua companheira.

• **Em vez de** sobrecarregar sua assistente, dê-lhe um momento de folga, *e vá você mesmo buscar o seu café* (e sem açúcar). Humildade é um santo remédio para a saúde.

• **Em vez de** esmurrar o volante do carro por causa do trânsito caótico, *vá de metrô para o trabalho, pelo menos uma vez por semana*. Sim, existe vida fora de seu carro!

> As oportunidades para procurar forças mais profundas em nós mesmos vêm quando a vida parece mais desafiadora.
> ~*Joseph Campbell*

- **Em vez de** ficar assistindo àqueles filmes repetidos na TV a cabo, *vá ao teatro, ao cinema, ao museu, à biblioteca, a qualquer lugar*. Mas saia de casa!

- **Em vez de** passar metade do dia sentado teclando desesperadamente seu IPAD novo, *movimente-se, movimente-se!* A cada movimento seu corpo será revestido de vitalidade.

...

Você pode até pensar que essas atividades são insignificantes. Sozinhas, elas são mesmo. Acontece que estou pensando a médio prazo. Se quando dormimos, queimamos calorias, *imagine quando estamos em movimento!*

Fazer uma dessas atividades uma vez na vida não vai produzir a menor diferença em seu coração. Mas ao longo de alguns meses, sua estrutura física estará bem mais fortalecida do que hoje. Além do mais, você não precisará reservar obrigatoriamente uma hora de seu dia para se exercitar (fará isso o dia inteiro), nem vai ter de lutar contra o cansaço no final do expediente para ir à academia. Você se exercitará todos os dias, sempre que tiver uma oportunidade, sem se dar conta disso.

Esta é a *palavra-chave* que vai transformá-lo para sempre: *oportunidade*. Se você pensar um pouco, vai perceber que sua vida pode ser bem mais dinâmica, saudável e disposta.

Batendo papo com um amigo e vizinho, comentei que eu adorava pão francês bem quentinho com café. *Ah, faz tempo que eu não como pão francês. Inclusive, minha esposa e eu só compramos pão de forma lá para casa*, ele comentou estranhamente aliviado. *Mas por quê?*, eu perguntei curioso. *Porque*

> Equilíbrio é uma das marcas de caráter mais admiráveis na vida de uma pessoa.

assim eu não tenho de caminhar até a padaria.

Acredite, a padaria ficava a 300 metros de onde morávamos! Eu nunca pensei que o sedentarismo pudesse ser tão bem personificado...

> O fatalismo quase sempre é uma doença do pensamento ou uma fraqueza da vontade.
> ~Paolo Mantegazza

"Não seria bom me matricular numa academia e seguir instruções de um profissional da área?" Você tem toda a razão! Mas deixe-me dizer uma coisa: a maioria das pessoas tem dezenas de motivações para se exercitar numa academia. Entretanto, poucas fazem isso por terem desenvolvido o *hábito* de cuidar do próprio corpo. O que acontece? Sem o hábito, a motivação para as atividades físicas não dura duas semanas. Estou errado? O hábito é a base da regularidade nas atividades físicas; sem ele nada permanece, nem sentimos prazer pelo que fazemos.

Se aproveitar as oportunidades de seu dia para movimentar seu corpo, depois de algum tempo você vai estar habituado com as atividades físicas. E o que é melhor: *terá prazer nisso*. Aí sim você irá para a academia com o sorriso aberto, e não como se estivesse indo para a *sala de tortura*.

Você já percebeu como os gerentes de academia fazem de tudo para manter os alunos assíduos? Toda semana surge uma nova atração, uma dança exótica ou uma técnica que promete "milagres" na definição do corpo. Isso funciona por um tempo apenas...

Na verdade, seria mais útil se as academias ensinassem seus clientes a desenvolver hábitos saudáveis. Mas você e eu sabemos que isso demanda tempo e investimento. Bem, não sei se no mundo capitalista em que estamos mergulhados há

> O prazer nasce depois que o hábito está consolidado. Primeiro o hábito, depois o prazer.

espaço para posturas voluntaristas como essa; gostaria muito de estar errado. Quem sabe?

Talvez você esteja estranhando por que ainda não falei nada sobre a diminuição do *movimento gástrico*. É proposital. Acredito que não há nada que eu escreva sobre esse tema que desperte seu espírito para uma mudança extraordinária em sua maneira de se alimentar. Sabe por quê? *Porque se alimentar envolve um dos prazeres mais intensos da vida*, e mexe com todos os nossos sentidos ao mesmo tempo. Paladar, olfato, tato, visão e até audição (*você já ouviu o som maravilhoso que uma posta de salmão produz quando está sendo grelhada?*).

Você só ouvirá minhas dicas enquanto não estiver diante de seu prato predileto (*você e metade do planeta*). Além disso, tenho certeza de que você conhece todas as dietas que passeiam de um e-mail para o outro na internet. Por isso, não vou gastar seu tempo fazendo com que você leia sobre o que já sabe. E você realmente sabe que a única dieta que produz bons resultados é aquela em que simplesmente *diminuímos o que comemos*. Simples assim.

Minha maior motivação para cuidar de minha alimentação são meus filhos e amigos. *Quero muito* vê-los alcançar a maturidade. *Quero muito* ter netos sentados em meu colo; envelhecer ao lado de minha esposa e amigos. *Quero muito* ter a oportunidade de ensinar as gerações futuras, transmitir minha experiência. *Quero muito* descansar e desfrutar a vida depois de anos e anos de trabalho.

É esse *quero muito* que me faz pensar duas vezes antes de

comer mais do que meu corpo, de fato, precisa. É simples... *mas pode ser um bom começo para você também.*

Quem Está Diante do Espelho?

Tive um grande amigo de juventude chamado *Steven*. Sua aparência era comum; aliás, não havia nele nenhuma das características que, hoje, classificam uma pessoa como bonita.

Seu cabelo era estranhamente ondulado (parecia com o capacete do *Dart Vader*); suas pernas, um tanto arcadas. E mesmo assim, você consegue adivinhar quem namorava com as meninas mais lindas do colegial? Quem era o "queridinho" da classe?

É verdade... Steven não era nenhum paradigma de beleza, todavia sua personalidade dava *show*. Todo mundo queria estar ao lado dele (*inclusive eu*). Steven foi o primeiro *ímã humano* que conheci.

Você quer saber qual era o segredo dele? Anote aí:

autoestima

Quem mais aceitava o Steven, *quem mais* o amava, *quem mais* o admirava, *quem mais* o respeitava... era o Steven! Não era à toa que as pessoas "grudavam" nele. Quem não quer ficar ao lado de alguém que está sempre de bem consigo mesmo e com a vida?

Pessoas que amam a simpli-

> O que você tentaria fazer se soubesse que não conseguiria fracassar?
> ~*Robert Schulle*

cidade, como o Steven, olham para dentro de si e se agradam do que veem, aceitam-se como são e não ficam se lamentando pelo que jamais serão. Às vezes, deixamos a vida passar porque não nos aceitamos.

As máscaras emocionais se tornaram epidemias sociais. Você já teve a sensação de que boa parte de seus colegas de trabalho aparenta o que não é? Quando uma pessoa não está feliz consigo mesma, entram em cena mecanismos complicados, como a mentira, para tentar disfarçar a personalidade. Mas isso nunca funciona.

Você pode até subir alguns degraus interessantes em sua carreira, no entanto, se não confiar em suas competências e não valorizar a si mesmo, dificilmente assumirá um cargo de gerência ou supervisão. Não existem personalidades problemáticas. O que todas as pessoas têm são *limitações emocionais*, com as quais não sabem lidar, às vezes.

E também não existem pessoas perfeitas. Todos nós lutamos a cada dia por uma chance de ser feliz. Assim, da próxima vez que você se olhar no espelho, não se lamente... se aceite! Em seu interior, há mais qualidades e força do que você imagina. Histórias de superação percorrem o mundo. Está na hora de você escrever a sua.

O fato que mais marcou as *Olimpíadas de 1984*, na cidade de Los Angeles, não foram as quebras de recordes em diversas modalidades ou a demonstração de júbilo estampado no rosto daqueles que conquistaram medalhas. O que jamais sairá da memória de quem assistiu àqueles jogos é a imagem da superação, da vontade inabalável.

A suíça *Gabrielle Andersen-*

> A autoestima é o principal condutor do talento. É o que faz a chave girar.

Scheiss, uma instrutora de esqui com 39 anos na época, cruzou a linha de chegada da maratona feminina exatamente em *último lugar*. Ao entrar no Coliseum, ela mal conseguia se manter de pé; seus passos eram simples, mas decididos. Seu rosto estava desfigurado pelo cansaço, no entanto Gabrielle recusou auxílio médico.

> Obstáculos são aquelas coisas assustadoras que tentam desviar o seu olhar do alvo.
> ~Henry Ford

Mesmo completamente esgotada, Gabrielle quis continuar. Ela sabia que seu esforço não lhe daria um lugar no pódio; portanto, poderia ter desistido. *Quem a acusaria de não ter se esforçado o bastante?* Contudo, a vontade de completar a prova era maior que a dor dilacerante. Por isso, ela foi até o fim. Desmoronou logo depois da linha de chegada... Mas só depois da linha de chegada!

Por acreditar em si mesma, até hoje Gabrielle é mais lembrada do que a própria vencedora daquela maratona.

Você também pode (e deve) construir uma história de superação em sua vida. Comece se aceitando mais, aprendendo a valorizar o que você já tem.

Sim, trabalhe bastante em suas limitações, tente se aprimorar sempre, porém não deixe de se alegrar com as habilidades que você já tem. Sonhe o mais alto que puder. Acredite, é muito melhor realizar 10% de um grande sonho do que 100% de um desejo medíocre. Não tenha medo de sonhar...

Quem desenvolve a autoestima tem muito mais força para encarar os desafios, não desiste quando sofre alguma injustiça e sempre acredita que pode ir mais longe. E

> Para apontar suas falhas, sobram pessoas. Para encorajá-lo, talvez haja algumas. De qual grupo você faz parte?

ninguém nasce com a autoestima nas nuvens. Essa é uma habilidade que precisa ser trabalhada dia após dia dentro de você, principalmente com declarações positivas.

As palavras, como você sabe muito bem, têm potencial tanto para construir quanto para destruir. Muitos pais, em momentos de total descontrole emocional, quebram esse princípio e declaram que seus filhos não servem para nada. Não é de surpreender que essas crianças se rebelem na adolescência; estão expressando o que pais determinaram. *Toda palavra é uma sentença para o bem ou para o mal.*

Já parou para pensar quantas palavras de conotação negativa vêm aos seus ouvidos todo santo dia? No trabalho, na rua, em casa; é quase impossível passar um só dia sem ouvir alguém verbalizando nossos defeitos. Receber um elogio sincero (*que não tenha nenhum tipo de barganha como pano de fundo*) é coisa rara; mais fácil seria achar uma nota de R$ 100,00 em plena Avenida Paulista.

Agora pense comigo: se de um lado da balança há palavras contra sua vida, *quem tem poder para virar o jogo?*

Você! Palavras positivas anulam as negativas. Quando você afirma que pode realizar algo, todo sentimento de limitação se desfaz como fumaça. Não dá para eliminar todas as influências negativas ao seu redor. Mas você pode escolher a quem deve ouvir.

Todo atleta de ponta conhece e pratica o *princípio da afirmação positiva*. É uma espécie de conversa interior que focaliza o que ele tem de melhor. *É a autoestima em estado de efervescência!* Observe os vídeos postados no YouTube sobre a russa *Yelena Isinbayeva*, recordista absoluta no salto com vara. Ela sempre conversa consigo mesma antes de cada salto. Não é preciso entender nada de russo para imaginar o que ela está falando. Sem dúvida alguma, são palavras de autoafirmação — *reflexos de uma postura altamente positiva*.

É claro que autoestima não produz talento. Isinbayeva é uma atleta fantástica, com habilidades físicas incríveis. Mas se não acreditasse em si mesma, duvido que ela teria motivação para quebrar 27 recordes mundiais (*pelo menos até a data de publicação deste livro*).

Agora me responda: quem está diante do espelho, a imagem que as pessoas definiram para você ou o reflexo de quem se aceita de verdade? Você e eu podemos não ter as qualidades mais admiradas, contudo podemos ser felizes com o que somos.

Tenho a seguinte filosofia: *o que sou hoje é o que realmente importa*. Se eu não conseguir ser feliz com o que sou hoje, o que me garante que serei mais feliz amanhã?

Eu não sei se subirei todos os degraus do sucesso que desejo. Mas se depender de amor próprio, garra, força e vontade, eu tentarei sempre. O *não*, eu já tenho; então, lutarei pelo *sim*.

Você pode seguir o mesmo caminho... Mas não fique se lamentando pelo que perdeu. O que passou, passou. O que importa mesmo é acreditar

> Alguns homens veem as coisas como são e dizem: "Por quê?" Eu sonho com as coisas que nunca foram e digo: "Por que não?"
> ~George Bernard Shaw

que as coisas podem ser diferentes... e bem melhores!

. . .

A simplicidade representa uma ferramenta imprescindível na realização pessoal. Posturas mais simples com relação à vida nos ajudam a ter o foco na *essência das coisas*. Desta forma, podemos nos livrar de todo excesso de bagagem, de tudo que é superficial e que não promove crescimento.

A atitude mais importante que você deve ter em relação à simplicidade é olhar com mais atenção e respeito para si mesmo. Sua felicidade vale muito mais do que você imagina. Sua saúde é o alicerce para as realizações futuras; sem ela nada de bom acontece, ainda que você esteja extremamente motivado.

Você sempre será o melhor investimento! E diante do espelho deve estar refletida a imagem de alguém que sonha vencer. A matemática é bem simples: quanto mais você se valorizar, muito mais valor terá para as pessoas, mais saborosa será a vida.

Sabe de uma coisa: eu quero viver assim, com a esperança de que *a vida possa ser bem melhor...* E você?

3
ESTOU VOLTANDO PARA CASA

A influência da simplicidade na vida familiar

Que sentido teria a vida
se eu não tivesse para onde voltar?
Que razão teria a conquista
se eu não tivesse a quem dedicar a vitória?

Lar, Doce Lar?

Percebi que havia alguma coisa errada em meu relacionamento familiar quando, de repente, *perdi a vontade de voltar para casa*. Deixei o escritório no horário e comecei a caminhar em direção ao estacionamento. Entrei em meu carro, coloquei a chave na ignição, mas não consegui dar a partida. Não havia nenhum problema com o veículo. Ele estava em perfeitas condições, *mas havia um sentimento estranho dentro de mim*.

Naquele momento, comecei a perceber que os relacionamentos dentro de minha família não estavam nada bem e precisavam de atenção com urgência — *de minha atenção!* Depois, parti para casa...

Esse tipo de sentimento é bem comum, embora tivesse me surpreendido. Talvez você já tenha sentido algo semelhante. Muitas pessoas reagem assim quando ficam adiando para resolver questões de relacionamento.

Também não precisamos considerar isso como uma catástrofe. Conflitos familiares existem desde que o mundo é mundo. Na verdade, os ajustes na família são quase diários e necessários. Mas... *não sentir vontade de voltar para casa*, mesmo que por um instante, pode ser o sintoma de que alguma coisa em você e em sua família merece um pouco mais de atenção. Reações como essa são como a ponta de um iceberg; *existe algo maior por baixo a ser investigado e tratado.*

Deixe-me esclarecer minha posição antes de continuar a conversar com você sobre vida familiar.

Não pretendo defender ou valorizar o tipo de lar perfeito, idealizado pela cultura ocidental: *marido, esposa e um casal de filhos quase da mesma idade*. Mesmo porque não existe modelo perfeito de família. Não tenho a menor dúvida de que a diversidade enriquece muito mais a vida familiar do que a similaridade.

Minha família, por exemplo, é formada por dois cariocas (*meu filho mais velho, Rafael, e eu*), uma gaúcha (*minha esposa, Simone*), dois paulistanos (*meus filhos, Erik e Caio*) e um tibetano (*nosso cão, Léo, da raça Lhasa Apso*). Além disso, temos diferenças de visão em milhares de aspectos da vida.

De que forma haveria crescimento se as pessoas pensas-

> **Ter afinidades é maravilhoso, mas aprender a lidar com as diferenças é o principal ingrediente da transformação interior.**

sem como eu? Portanto, tenho orgulho de afirmar: sou apaixonado pela diversidade de minha família! Somos diferentes, mas convergimos sempre para os mesmos alvos: *amor, respeito, cuidado mútuo, cumplicidade*.

> Os preconceitos têm raízes mais profundas que os princípios.
> ~Maquiavel

Também não vejo a família como um grupo formado exclusivamente pelo casamento. Acredito no casamento de todo o meu coração, mas não tenho o direito de desprezar as outras *formas de família* que agregam felicidade e realização às pessoas. *Família é muito mais do que genética.* Família é unidade.

Quando eu estudava meteorologia na Academia Militar da Aeronáutica, meus colegas de quarto tornaram-se parte de minha família. Durante o período em que trabalhei no sul do Brasil, já quase na Argentina, *Celso* e *Ferrari*, que dividiam uma casa comigo, também eram minha família.

Infelizmente, nos dias de hoje, a definição de família é exclusivista demais. Perdemos a chance de ter uma grande família (*e ser feliz*) por puro preconceito.

Outra coisa importante: eu também não tenho a menor intenção de "invadir" seu estilo de vida, tentando manipular sua postura familiar ou determinar uma nova. Nenhuma de minhas considerações neste livro tem caráter formativo; minhas palavras tentam focalizar as suas motivações. *Se eu conseguir fazer com que você olhe com mais atenção para sua família, ganharei o mundo!*

Bem, acho que, com esses pontos esclarecidos, podemos continuar nossa conversa sobre a influência da simplicidade na vida familiar.

> **Família são aquelas pessoas que me fazem voltar para casa, ter saudade de casa, ainda que não tenhamos laços de sangue.**

Quando parei para refletir sobre o motivo para não querer voltar para casa, uma enxurrada de queixas invadiram a minha mente.

Minha esposa não me compreende! Meus filhos não me respeitam mais! Trabalho tanto para dar um futuro melhor a eles, e o que eu tenho recebido em troca? Nada! E assim seguiam as minhas complicadas (e chatas) lamentações.

Por mais que esses pensamentos fervilhassem, no fundo, eu sabia que a resposta era bem mais simples. Na verdade, eu precisava olhar para o centro daquele problema, ou seja, aplicar a primeira lei da simplicidade: *a solução está na essência das coisas.*

Se fui o alvo daquela reação emocional, então *eu deveria tomar a iniciativa.* Afinal, a minha família não estava reclamando de mim, mas eu dela. Eles já estavam em casa me esperando, como faziam todos os dias. *Era eu quem* precisava resgatar o prazer de voltar para casa e curtir minha esposa e filhos. *Era eu quem* precisava reaprender a dizer "lar, doce lar" sem hipocrisia. Nesta hora, um pouco de humildade cai muito bem. A primeira atitude ao se perceber o próprio erro é agir na direção do conserto.

Você conhece aquele velho ditado: *Retire primeiro a pedra que está em seu olho e, então, poderá ver bem para tirar o cisco que está no olho de seu irmão?* Pois é, parece que essas palavras foram encomendadas para mim.

Então, comecei a esboçar uma série de razões para voltar para casa com mais alegria, e cheguei a algumas conclusões bem simples. Embora acredite sinceramente que você esteja bem com seus relacionamentos familiares, eu gostaria de encorajá-lo a ler os próximos parágrafos.

Eles podem ser muito úteis quando algum sentimento tentar influenciá-lo a minimizar o valor da família.

Comigo funciona sempre...

VOCÊ PRECISA DE UMA FAMÍLIA AO SEU LADO

O ser humano tem necessidade de contar alguma coisa para alguém: uma novidade, um episódio interessante que aconteceu durante o dia no trabalho; enfim, *aliviar o coração*. O soldado precisa voltar para o acampamento, a fim de repor as energias consumidas no *front* da batalha, para receber os louros pela conquista e o apoio na derrota.

A família deveria ser o nosso *hiding place*, o lugar da aceitação incondicional, dos braços abertos, da cumplicidade, do aconchego; onde os problemas da vida não tivessem a chave para entrar.

A vontade de voltar para casa *diminui* na medida em que *perdemos* a visão de que a família é o melhor lugar do mundo. E sabe por que isso acontece? Excesso de independência!

O *hit social* do momento é "quanto mais independência, melhor!". Esse era o tipo de perfil encontrado apenas em jovens de classe média, todavia, tornou-se parte do imaginário de quase todo mundo. As pessoas chegam a considerar a

> Se você não aprender a ser reflexivo, acabará se arrependendo por ter perdido oportunidades de demonstrar amor.
> ~*Stephen Kendrick*

independência familiar como um sonho, mas se trata de uma *armadilha sutil*.

Em muitos casos, essa independência exagerada nos faz sentir autossuficientes; o que vier depois pode ser bem próximo do *narcisismo*, estado em que a nossa conduta é dirigida pelo próprio ego.

Enquanto tudo estiver dando certo, com vento suave na popa, ser independente será o máximo. Mas... de vez em quando, batem à nossa porta algumas surpresas desagradáveis, *tempestades repentinas*. O que fazer com elas? Fingir que não existem? Quem estará ao seu lado para "carregar o piano" com você? Quem se preocupará em orientá-lo para a melhor decisão? Depender de outras pessoas não é sinal de fraqueza ou incapacidade; é agir pelo mais puro e elementar bom senso, ou seja, pela simplicidade.

Quando me dei conta de que, dentro de mim, o desejo de voltar para casa era mínimo, eu poderia ter arranjado outros culpados. A lista não seria nada criativa: *estresse no trabalho, crise econômica, familiares incompreensivos*. No entanto, quem cairia nessa história mal contada? Bem, preferi o caminho da simplicidade. Busquei primeiro em mim a causa daquele problema.

> **A independência age como uma corrente marítima: silenciosamente, altera a sua rota, atraindo-o para o isolamento, sem que você perceba a menor diferença.**

A verdade? Eu estava sendo independente além do limite tolerável. Eu não pensava que minha família pudesse contribuir para minha carreira ou que fizesse parte dela; eu queria ter sucesso sozinho.

"Quer dizer que devemos ser *dependentes* em tudo?" Esse

é o outro extremo da situação, e não o ponto de equilíbrio. Pode até parecer contraditório, mas é necessário sermos dependentes e independentes ao mesmo tempo.

Em meus projetos de edição e design, na maioria das vezes, *trabalho sozinho*, tentando descobrir a maneira mais criativa de comunicar uma ideia. Mesmo assim, na solidão de minha mente, preciso estar aberto a *insights* que vêm de outros profissionais da área, ainda que sejam críticas.

> Precisamos de pessoas em nossas vidas que sejam honestas conosco, que nos digam quando estamos errados e se precisamos mudar.
> ~Henry Cloud

Enquanto escrevo este livro, mantenho dezenas de autores "ao meu lado", que me ajudam a compreender melhor determinadas situações da vida; e que me corrigem muitas vezes. *Acredite, as críticas fazem bem ao seu crescimento profissional.* Demorei para entender isso, mas agora me tornei fã das críticas; são elas que me fazem encontrar a excelência em minhas competências. Se forem bem aplicadas, as críticas podem funcionar como degraus para o sucesso.

Você precisa de sua família. Talvez, em razão das circunstâncias de hoje (*ou do passado*), você não pense nisso com tanto ânimo. Ainda assim, *aqueles que estão em sua casa sempre serão a sua torcida mais vibrante.*

Se as coisas não vão bem em sua família, lembre-se do que escrevi no capítulo anterior sobre a influência das palavras. Com frases simples, você pode mudar a realidade daqueles que fazem parte de sua vida. Um elogio aqui, outro ali; um encorajamento sincero, um sorriso aberto, um abraço apertado. Atitudes simples, mas ainda não inventa-

> Presentes exorbitantes podem até mexer com o ego das pessoas por um tempo, mas se não forem verdadeiros, não descem para o coração.

ram nada mais eficiente para destilar paz e harmonia nos relacionamentos familiares. Quanto mais simples o sentimento, mais verdadeiro se torna, mais aceitável se faz.

Quer um conselho? Deixe este livro de lado e vá abraçar alguém que você ama. Se você estiver no trabalho, dê uma pausa e ligue para casa. Não precisa dizer coisas perfeitas; apenas demonstre um pouco de preocupação. Envie um email carinhoso. *Faça alguma coisa que prove que ainda existe amor dentro de você!* E eu sei que existe...

Mas, por favor, não faça nada complicado. Tente expressar seu carinho da forma mais simples possível. É isso o que as pessoas esperam e querem de você. *Nem sempre o melhor presente é o que custa mais caro.*

Volto a repetir: se as coisas em sua casa não estão nada bem, você pode fazer a diferença apenas se orientando por atitudes simples. A simplicidade é a expressão do que temos de melhor no coração.

Certo dia, eu estava sentado à mesa com minha esposa, jogando papo para o ar e saboreando uma bela xícara de café. De repente, senti vontade de pegar a mão dela e beijar. Acho que foi um ato intuitivo, sei lá; não foi proposital. Mas o que ouvi revestiu de grandeza aquele simples gesto: *Assim você vai me desmontar, querido.*

Agora me responda com sinceridade: depois dessa, dá para não querer mais voltar para casa?

Sua Família
Precisa de Você

Meu filho mais velho, *Rafael*, sempre me chamava para assistir às partidas de futebol das quais ele participava. Como eu não estava numa fase muito desportiva naquela época, todo final de semana eu inventava alguma desculpa esfarrapada. Depois de tanta insistência, não dava para me esquivar mais; acabei aceitando o convite, *mas confesso que não foi de muita boa vontade...*

Eu não fazia ideia do que me aguardava. Achei que seria uma coisa monótona ficar ali no alambrado sob o sol, vendo um bando de adolescentes exalando adrenalina, gritando mais do que jogando. Mas quando me dei conta, lá estava eu esbravejando contra o juiz, instruindo os jogadores, cobrando mais empenho daqueles meninos, *torcendo como nunca fiz antes.* Quem me vê tímido, mudaria de opinião na hora.

De repente, os gritos aumentam... Foi gol? De quem? Dele mesmo! Rafael! Ele veio voando em minha direção com a expressão de quem tinha feito um gol na final da Copa. Só não deu para nos abraçarmos direito porque havia aquela bendita cerca entre nós.

Como pode um momento tão simples ser tão gratificante? E pensar que adiei a felicidade de meu filho por tantos meses! Ainda bem que ele não desistiu de me convidar. Por causa de sua insistência "acordei" para uma realidade que, por muitas vezes,

> Há quem passe pelo bosque e só veja lenha para a fogueira.
> ~*Tolstoi*

deixei de lado: *existem pessoas que me amam, precisam de mim e querem fazer parte de minha vida.*

Cá entre nós, não sou lá essas coisas com a bola no pé, porém, para o meu filho, não importa se sou um "fenômeno" do futebol ou não. O que importa mesmo é que eu sou o maior torcedor dele! Ah, e como sou! Se meus filhos não tiverem isso de mim, de quem mais terão?

Como pai, o mínimo que posso fazer é participar daquilo que é importante para os meus filhos, e não das coisas que "eu julgo" como importantes. Simples assim...

Talvez a paternidade não esteja em seus planos de vida neste momento. Entendo. Mas quem disse que somente os filhos de sangue precisam de atenção? Um jovem que eu tenha a oportunidade de ajudar a encontrar o rumo profissional *também é um filho*. Por que não? Se eu puder enriquecer a vida de um adolescente com minhas experiências, *eu não estaria agindo como um pai?*

Num desses sábados ensolarados, eu levei meus filhos e minha esposa a um parque de diversões. Enquanto aguardava na fila do tal "elevador" (*que faz com que o estômago vá parar na garganta*), de repente, duas adolescentes bem comunicativas começaram a conversar comigo.

Achei aquilo o maior barato! Quanto mais falava de minhas experiências, mais elas queriam ouvir. Só paramos de conversar quando chegou nossa vez de brincar. De certa forma, *isso também é paternidade.*

> **A matemática da vida é um pouco diferente: dar felicidade é a melhor forma de ganhar felicidade.**

Que prazer teria a vida se eu não pudesse dividir nada com ninguém? Que utilidade têm meus conhecimentos e experiências se eu deixá-los trancados dentro de mim? Não seria melhor transmitir o que temos de bom aos outros, para que estes façam a mesma coisa? Essa atitude se chama "círculo virtuoso" — e constitui o principal fator de transformação de uma sociedade. Uma simples atitude na hora certa pode se alastrar de forma inimaginável.

> Felicidade é a certeza de que nossa vida não está se passando inutilmente.
> ~Érico Veríssimo

Sua família não depende de você apenas financeiramente. Sua esposa (ou esposo), filhos e amigos precisam de algo mais... de sua presença. O dinheiro é importantíssimo no relacionamento familiar, mas não satisfaz todas as necessidades, *não compensa a ausência*.

Você pode até contratar para o seu filho o terapeuta mais conceituado; contudo, se você não se envolver, sinto muito lhe dizer que o problema emocional será apenas amenizado, se for. O mundo está pronto para "reeducar" sua família; para isso, basta que você se omita.

Se você fechar este livro por alguns minutos e abrir um portal de jornalismo na internet, facilmente encontrará notícias sobre jovens de classe média com dependência química severa. Talvez, no mesmo site, um pouco mais abaixo, você se depare com um ato de violência extrema no trânsito, porque um carro tomou a vaga de outro.

Demorei a acreditar quando li que uma atriz indicada para dois *Oscars* havia sido presa, acusada de ter roubado chapéus, bolsas de mão, tops e acessórios para cabelo, tudo da *Saks* — uma das lojas de departamentos mais sofisticadas de Los Angeles. Meu Deus! O que motiva pessoas com excelente condição financeira a destruir a própria

> Momentos simples conseguem escrever na memória lembranças inesquecíveis.

vida? Ausência da família. Essa é a resposta.

A *família é a válvula de escape do coração*. Se meus filhos tiverem de "implorar" para ter diálogos saudáveis comigo, alguma coisa está errada — *comigo!* Se eu falhar em dar o *feedback* de que eles precisam sobre temas importantes da vida, "alguém" fará isso em meu lugar. E o resultado... Bem, você pode imaginar.

Todos os dias, mesmo depois de um dia de trabalho puxado, não vejo a hora de voltar para casa. Sabe por quê? Tudo bem, eu também penso em tirar os sapatos e me esparramar pelo sofá. Mas não é só isso. *Minha maior motivação é saber que terei a chance de fazer alguém mais feliz.*

Às vezes, aperto a campainha de propósito só para ouvir o alvoroço dos meus filhos do outro lado da porta, simplesmente porque estou voltando para casa.

Isso não tem preço.

Sua Família é o Primeiro Degrau do seu Sucesso

Toda vez que estou mergulhado em um novo desafio no trabalho, com vontade de "chutar o balde", lembro-me de uma voz que sempre me diz suavemente: *Você vai conseguir, querido. É só mais um desafio como tantos outros que você já superou.* Sinceramente, se não fosse a postura confiante de minha esposa, eu não levaria adiante muitos projetos, e mal teria concluído outros.

Não tenho a menor dúvida de que a família (*pelo menos tem sido em minha vida*) é o primeiro degrau do sucesso pessoal. Talento, conhecimento, habilidade, experiência de vida, ou seja, toda a sua *expertise* projeta você para a frente, é verdade. Entretanto, existem certos níveis de confiança e autoestima que são atingidos somente quando o apoio familiar entra em cena. Na família, somos motivados a enxergar em nós mesmos talentos que a sociedade nem sempre faz questão de reconhecer.

"Então, basta estar dentro de uma família para se alcançar um sucesso avassalador?" Não. Há um sem-número de casos de pessoas que tiveram de enfrentar grandes desafios *sozinhas*, sem poder contar com uma família de verdade ao seu lado. Muitos, ainda jovens, perderam os pais. Entretanto, foram à luta com uma força interior tão intensa que não dá para explicar com palavras. Alguns perderam seus pais *fisicamente*; outros, *emocionalmente*. De verdade? Não sei responder o que é pior...

Embora defenda a família como uma base importante para o sucesso pessoal, eu reconheço que isso não é como aritmética. Infelizmente, existem pais que forçam seus filhos a ser o que eles não conseguiram ser; desprezam os sonhos dos filhos; até minimizam seus talentos.

Há irmãos que, *influenciados pela competição desmedida*, torcem contra a própria família. Eles são incapazes de sorrir quando outro irmão conquista alguma coisa ou recebe uma promoção no trabalho.

Ciúme, inveja, competição

> Egoísmo não é viver como queremos; egoísmo é querer que os outros vivam como queremos que eles vivam.
> ~*Oscar Wilde*

e manipulação são vícios de comportamento que não deveriam existir nas famílias, mas estão lá! Alguns às claras, outros bem camuflados, e todos corroendo as emoções.

Pais que nunca se alegram com os filhos, que só se comunicam por meio de monólogos, que só vivem para impor regras e mais regras, estão deixando a porta da rua escancarada. *A fuga torna-se apenas uma questão de tempo.* É por isso que muitos jovens não veem a hora de sair de casa, para tentar "ganhar" o mundo.

Você e eu sabemos que essa reação explosiva dos jovens não é a melhor saída. Todavia, se um jovem não encontra apoio *dentro de casa*, ele vai procurar se motivar *fora de casa*. Só que, fora de casa, esse "suporte emocional" sempre tem um preço alto demais; talvez, a dependência química ou psíquica; talvez, a prostituição; talvez, a própria morte.

Por favor, perdoe-me se eu estiver sendo desagradável com palavras tão incisivas. Mas, acredite, elas são necessárias. A cura só tem início quando a ferida é descoberta.

Então, é fato que nem sempre *estar numa família* significa *ter uma família*. No entanto, o que mais me preocupa são as pessoas que, embora tenham uma família maravilhosa, não conseguem notar esse valor.

A causa disso? A síndrome do **VVV**. Explicarei...

Você já reparou como as pessoas são mais gentis umas com as outras quando têm alguma coisa em comum? Eu sei, isso é óbvio demais! Todavia, as coisas óbvias podem trazer revelações surpreendentes.

> **Conhecer a verdade é a melhor atitude para enfrentar uma realidade difícil.**

As pessoas são como *ímãs emocionais*; atraem tudo o que sentem. Por exemplo, quando você precisa fazer uma conversão com seu carro à esquerda numa rua movimentada, quem é que lhe dá passagem com mais facilidade? *Alguém que tem um carro da mesma marca do seu.* Estou errado?

> Sabemos dizer o que sabemos sentir.
> ~Miguel de Cervantes

Se você está fazendo caminhada na rua mesmo (*se não está, deveria!*), o que é mais comum de se ver? Pessoas caminhando ou correndo... como você! Quando usamos um tipo de roupa acontece a mesma coisa, reparamos mais nas pessoas que se vestem como a gente.

Se você finalmente comprou aquela moto dos sonhos, adivinhe qual modelo seus olhos perseguirão atentamente nos próximos três meses! E aí, matou a charada?

Você **V**ê o que **V**ocê é! Os nossos olhos se abrem muito mais para as coisas que possuímos, para as pessoas que fazem o que fazemos, para as situações que vivemos. *Isso é absolutamente normal!*, você deve estar gritando.

Eu sei... Mas espere um pouco. Então, se estou vendo problemas em minha casa, *é bem provável que isso seja um reflexo do que está dentro de mim.* Você concorda comigo?

Existem familiares complicados, agora eu concordo com você. Mas, em muitos casos, os "problemas" que vemos, na verdade, podem ter raízes dentro de nós. Pessoas que sentem continuamente desamor, desconfiança, medo, insegurança nos relacionamentos podem estar com o *filtro emocional* empoeirado.

Bem, só saber que eu posso estar projetando minhas deficiências emocionais em minha família não resolve o caso, porém é um ponto de partida importante. Em qualquer família, o erro não acontece apenas de um lado. E

> Você pode até admirar outras famílias, mas isso não transformará a realidade do seu lar. Nada vai mudar se você não mudar nada.

quem percebe o desequilíbrio primeiro deve agir logo, e não ficar esperando que os conflitos se resolvam sozinhos.

Se você tem uma família, lute por ela; não fique admirando a grama verde do vizinho; plante o seu próprio jardim. Rubem Alves diz que "quem não planta jardim por dentro, não planta jardins por fora, nem passeia por eles".

Agora, quando você se dispõe a fazer a diferença em sua casa, a dar o primeiro passo, a reconhecer a importância de "sua" família, muita coisa pode mudar, principalmente dentro de você.

Abra o seu coração para sua esposa, seus filhos, seus amigos. Não tenha medo de lidar com opiniões contrárias. As diferenças em sua família são fundamentais para o seu crescimento pessoal. Ser contrariado algumas vezes nos ajuda a reencontrar o ponto de equilíbrio. Além disso, *na família*, aprendemos a prestar contas a quem amamos.

Hoje, não planejo nada sem envolver minha família em todas as escolhas. E não é para agradar alguém, mas porque *onde há conselhos há sabedoria*.

Quando tenho um projeto pela frente, faço questão que minha esposa participe intensamente. A opinião dela pode não ser como a de um especialista, *mas está revestida da simplicidade que a faz dizer o que realmente pensa*. Isso mantém minha autoconfiança ativa e, principalmente, dentro dos limites da sanidade.

Todos os dias sonho em crescer muito em minha vida

pessoal e profissional. Sei que dá para ir mais longe... Mas não pretendo fazer essa viagem sozinho. Se minha família e amigos não estiverem ao meu lado, nenhum crescimento ou conquista fazem sentido algum.

O bom da vida é isso: *ter com quem compartilhar*.

...

Talvez você esteja chegando ao final deste capítulo sem saber o que fazer para mudar a sua família. Quem sabe, esteja até pensando que para mim foi fácil escrever sobre esse tema, pois devo ter uma família perfeita.

Você está com toda a razão, eu realmente tenho uma família perfeita. Mas há um detalhe: *nenhum membro de minha família é perfeito*. Minha família é perfeita porque *eu decidi* que ela fosse assim; eu lutei muito por isso, investi tempo, dedicação e força emocional.

Não pense que foi fácil. *Simone e eu ficamos separados por seis meses*. Foi o momento mais dilacerante de minha vida. Chegamos até a dar início ao processo judicial de separação. E sabe o que nos fez mudar de ideia? Escolha. Podemos ser influenciados por todos os lados, mas, no final da história, *a decisão sempre será nossa*. Somente nossa. Isso ninguém pode nos tirar. *Você escolhe o destino de sua família*.

Infelizmente, não consigo saber, neste momento, como está o seu coração em relação à sua casa. Todavia, uma coisa posso (*e devo*) lhe dizer: você merece mais uma chance com a sua família.

Não sei por que vou dizer isso, mas confiarei em minha intuição: *perdão não é um sentimento, é uma decisão*. A maioria

> É uma pena que nós levemos tão a sério as lições da vida somente quando já não nos servem para nada.
> ~Oscar Wilde

das pessoas luta com todas as forças pelo direito de não perdoar. Lutam tanto que perdem a força para viver. Pense nisso antes de desistir de sua família.

Em relacionamentos familiares, acredite, é muito mais fácil reconstruir do que começar do zero.

4
ATÉ ONDE VOCÊ QUER CHEGAR?

A influência da simplicidade na vida profissional

O limite do sucesso profissional
é definido pela convicção de
que um sonho é possível.

Para Onde Você Está Mirando?

Uma das modalidades olímpicas que mais me impressionam é o tiro esportivo, nas categorias *skeet* e *fossa*. Quando os discos são lançados por uma máquina a 110 km por hora, o atleta precisa quebrá-los com tiros certeiros. Como eles conseguem fazer isso, ter uma mira tão exata? A resposta está numa única palavra: *foco*.

Anos de treinamento (e uma boa dose de talento) deram a esses competidores a habilidade de se concentrar no alvo mesmo em movimento. Eles conseguem se desligar de tudo ao redor e focalizar somente o alvo. Nada pode desviar a sua atenção. Não dá nem para piscar os olhos... Na vida profissional, a semelhança é bem próxima. Não adianta você ficar dando *tiros* para todos os lados e esperar que acerte o *alvo*. Pensamento, força, talento têm de convergir para um ponto. Senão, você corre o risco de fazer tudo e não realizar nada. Isso serve tanto para quem quer iniciar uma carreira quanto para aqueles que já percorreram um bom trecho do caminho. Agora é o melhor momento de você parar e refletir sobre a sua vida profissional.

Até onde quer chegar? — essa é a pergunta que você precisa responder para si mesmo com urgência e sinceridade absolutas. A resposta será determinante para o sucesso profissional que você tanto almeja. É preciso emergir de seu interior uma convicção inabalável sobre a sua *principal competência*. Ela tem de estar clara como cristal em sua mente. Alguns gestores podem até perceber e reconhecer suas habilidades, mas é você quem precisa ter consciência delas e lutar por elas.

Há muitos colaboradores que exercem funções, ocupam posições de acordo com a maré do mercado. Em outras palavras, aceitam trabalhar no que encontram pela frente. Essa atitude reflete uma grande virtude se considerarmos a dura realidade da economia globalizada. Boas colocações de trabalho são raras, e existem milhares de pessoas de olho nelas ao mesmo tempo. Por isso, não dá para ficar escolhendo muito quando se trata de sobrevivência profissional. Ou você trabalha ou trabalha.

Entretanto, *há o outro lado da moeda*. Estar numa empresa

> **O mais difícil não é se manter no ponto de equilíbrio, mas reconhecê-lo.**

só porque foi a primeira a oferecer vaga pode representar a anulação de uma carreira brilhante. É nesta hora que a *simplicidade* deve falar mais alto.

> Cada um de nós tem um fogo no coração para alguma coisa. É nossa meta na vida encontrá-lo e mantê-lo aceso.
> ~Mary Lou Retton

Ao orientar-se pela simplicidade, é necessário considerar este princípio: em toda situação de trabalho, *existirá sempre um ponto de equilíbrio*. O que acontece é que as pessoas transitam por esse ponto, mas não se estabilizam nele.

Tentarei ser mais específico por meio de um *case* bem comum no mundo corporativo.

Helena sonhava em gerenciar uma grande empresa. O primeiro passo, é claro, seria se formar em Administração. Bem, alguns meses depois da formatura, ela conseguiu ingressar numa empresa de porte médio, por meio de uma amiga. *Foi um bom começo...*

Havia muitas vantagens. O salário estava bem acima da média do mercado, e a convivência com os demais colaboradores era agradável. Mas a perspectiva de crescimento na carreira se mostrava abaixo do que Helena estabelecera como meta. E não era por falta de talento ou oportunidade; é que, naquela empresa, não havia para onde crescer mesmo.

Embora estivesse no início da vida profissional, Helena já tinha maturidade suficiente para interpretar aquela realidade. Ela poderia: opção A — permanecer ali por causa de um bom salário e convívio agradável com os colegas de trabalho (*que são fatores relevantes*) ou opção B — aventurar-se em busca do emprego dos sonhos.

Na verdade, as duas opções geram *desequilíbrio*. A me-

> **O momento mais crítico na carreira é decidir entre permanecer e tentar outro caminho.**

lhor saída não é escolher entre um e outro, mas *escolher os dois*. E foi isso o que Helena fez. Dedicou-se àquela função com competência e responsabilidade enquanto percorria o mercado de trabalho, dia após dia, tentando encontrar o emprego que satisfizesse o seu perfil. Simples assim...

Hoje, Helena trabalha numa multinacional e na área em que sempre teve convicção e paixão. O salário é menor do que recebia, porém esse é apenas um mero detalhe, já que na nova corporação há chances reais de crescimento.

Só consegue agir assim quem realmente *sabe onde quer chegar*. É bem verdade que ter essa convicção não garante que os objetivos sejam alcançados num piscar de olhos. Contudo, iniciar uma carreira sem saber onde se quer chegar é um risco muito alto. O resultado pode ser uma vida profissional repleta de frustrações. As pessoas aprendem a administrar grandes empresas, mas nem desconfiam para onde está indo a sua vida profissional.

Tenho certeza de que essa não é a perspectiva que está em sua mente agora. Por isso, leia com atenção o que vou lhe dizer: *Não mergulhe de cabeça numa esfera de atividade se você não estiver completamente convencido de que está fazendo a coisa certa*. Depois que a flecha é lançada, não dá mais para mudar sua trajetória; só resta torcer para que, de alguma forma, ela se aproxime do alvo.

É por isso que dá para contar nos dedos aqueles que conquistam o sucesso. Todavia, *o sucesso não trata algumas pessoas de modo preferencial*. A diferença é que alguns acreditam que podem ter uma carreira brilhante e agem todos os dias para alcançar esse propósito; outros desistem antes mesmo de tentar, e ficam à sorte dos ventos e das marés. De que lado você está?

Uma escolha certa pode transformar um passado inteiro de decisões erradas. Há uma segunda chance... Sempre é possível mudar de direção. Sempre há como fazer o retorno em algum ponto de sua trajetória profissional para seguir pelo caminho mais adequado às suas principais competências. *Felicidade no trabalho não é utopia.*

Se você ainda tem dúvidas quanto ao seu perfil profissional, realize alguns testes vocacionais, converse com amigos que possam lhe transmitir uma visão diferente de você mesmo. E permita que a simplicidade seja sua parceira nessa jornada e também influencie suas decisões.

Infelizmente, eu não tenho poder de gerar convicção em seu coração. Mas, certamente, vou motivá-lo a praticar as atitudes certas, para que você encontre o ponto da virada em sua vida profissional.

Você Já Está Pronto?

Se a chance de ouro com que tanto sonha surgisse neste exato momento, *você estaria pronto para ela?* Você teria condições de desempenhar essa nova função com excelência?

O ciclo das oportunidades tem órbita longa. Se você não estiver pronto quando lhe abrirem uma porta, muito tempo poderá passar até uma nova

> É preciso coragem para crescer e tornar-se quem você realmente é.
> ~*Edward Cummings*

ocasião favorável surgir à sua frente. Portanto, o seu papel é se preparar logo para a mudança, *pois a vida passa*, e você nem percebe.

Uma maneira eficiente de fazer isso é pensar e agir como se você *já estivesse vivendo* a nova realidade de trabalho. Isso não é insensatez, é atitude de quem quer chegar longe. Um propósito firme na mente faz toda a diferença.

Se você sonha em conquistar uma promoção à gerência, então comece a se perguntar: Quais são as qualidades que preciso desenvolver para ser o melhor gerente do mundo? Isso é agir de acordo com a sua convicção. A questão não é *se* vai acontecer, mas *quando* vai acontecer. E, para aquele dia, você precisa estar pronto hoje, ou alguém (mais preparado) realizará o *seu* sonho em *seu* lugar.

Nada acontece por acaso. Quando nos deparamos com empreendedores notáveis, só percebemos o sucesso do presente. Porém, se conseguíssemos "ler" a história de cada um deles, o *background*, notaríamos um rastro de lutas, decepções, recomeços e preparação de sobra. Não existe elevador para a conquista; sempre será *degrau por degrau*. Há uma expressão na língua inglesa que retrata bem o que estou lhe dizendo: "No pain, no gain". *Sem dor, sem ganho*.

É fácil sonhar. É fácil se ver no topo da montanha. Todavia, enquanto vivermos só de imaginação, *nada acontecerá*. Não haverá mudança. Sonhar é maravilhoso, mas agir é simplesmente o alicerce de tudo. Não há como determinar o futuro, porém você pode se preparar para ele.

O maior legado que minha mãe me deixou foi o valor do

> **Sonhar é como ser visitado pelo futuro, mas, sem ação, o presente permanecerá o mesmo.**

trabalho. Durante as férias escolares, enquanto a garotada empinava pipa e jogava bola de gude nas ruas de barro batido, eu trabalhava como auxiliar de meus tios por alguns dias, *a pedido de minha mãe.*

> Você nunca sabe que resultados virão da sua ação. Mas se você não fizer nada, não existirão resultados.
> ~*Mahatma Gandhi*

Às vezes, eu estava numa oficina de funilaria e pintura; às vezes, na reforma de uma casa; às vezes, em feiras livres. Meu primeiro trabalho (*além daqueles que eu fazia dentro de casa*) foi dar polimento na tampa do porta-malas de um Fiat 147 vermelho. É, eu sei. Faz tempo.

No começo, perder alguns dias de férias não era nada agradável. Quando eu ia a pé para a oficina, ficava chutando pedrinhas pelo caminho como forma de protesto. Mas, com o passar do tempo, fui me envolvendo com o trabalho a ponto de *ter prazer* nas tarefas que realizava.

Não se preocupe... tive muito mais momentos de brincadeiras na infância do que de trabalho. Fui uma criança normal, acredite, mas aqueles simples afazeres formaram em mim uma *visão positiva e realista* da vida profissional. Foi pelo trabalho que adquiri a convicção de que *minhas atitudes são o ponto de partida para o sucesso.*

Hoje, no mesmo instante em que sou absorvido por um novo sonho, começo a me preparar para a mudança. Se eu não fizer isso, certamente perderei as oportunidades que podem levar a minha carreira a um patamar acima.

Sinceramente, não sei em que tipo de mundo algumas pensam que vivem. Entre aqueles mais jovens, principalmente, há um descaso com relação ao preparo profissional

> **Grandes ideias vêm depois de muito trabalho. Ainda não inventaram a varinha mágica da criatividade.**

que me assusta. Eles vivem como se tudo se resolvesse com um passe de mágica; como se o crescimento — *como eles mesmos brincam* — fosse uma ligação 0800.

Assisti a uma cena que descreve bem essa realidade. Depois de fazer algumas compras, deixei o supermercado em direção ao estacionamento. Ao me aproximar do meu carro, logo percebi que dois rapazes conversavam por ali. Inevitavelmente, acabei escutando a conversa...

Embora fosse um bate-papo comum entre amigos, um breve diálogo me chamou a atenção, enquanto eu guardava as compras no porta-malas:

— Você não sabe da maior... Esse mundo tá uma loucura, cara! — disse o primeiro amigo.
— O que foi, meu? Me conta logo! — insistiu o outro com curiosidade nos olhos.
— É que um amigo meu foi fazer uma entrevista de emprego... E sabe o que exigiram dele? Que soubesse ler em inglês! Vê se pode? Esse mundo tá irado.

Uma das coisas que nunca poderemos impedir é o dinamismo da sociedade. Tudo ao nosso redor *muda constantemente*. Foi-se o tempo em que concluir o Ensino Médio era a garantia de um emprego com salário razoável. Hoje, se você não tiver pelo menos uma boa *pós* nas mãos, não falar inglês com desenvoltura e não tiver outra língua *standby*, as chances numa grande empresa serão quase nulas. Mesmo assim, em pleno século XXI, vemos jovens acomodados demais, que creditam o seu estado de vida à sorte, que não movem um dedo para buscar o crescimento profissional. E o que é pior: não conseguem perceber que as exigências do mercado de trabalho aumentam a cada dia.

Alguns meses atrás, fui dar uma palestra no Rio e encontrei um velho amigo de escola. Ele era de uma família muito pobre, que não possuía nada além do básico. Todas as suas roupas vinham de doações de vizinhos.

Quando me contou sobre onde havia chegado, quase caí para trás. Ele simplesmente tornou-se diretor de uma das maiores estatais do Brasil. *Apenas lutei para agir na direção do meu sonho*, disse-me. *Foi duro, mas consegui.*

Sempre acreditei (e ainda acredito) que, se nos dedicarmos com todas as nossas forças, o melhor sempre acontecerá. Sei que haverá situações que não poderei alterar, porém isso não será desculpa para eu deixar de agir.

O que você está fazendo enquanto *a grande* oportunidade não chega? Agora é o momento ideal para você se planejar. Que área de atuação você tem em mente? Então, estude o dobro do necessário; conheça tudo e um pouco mais sobre a função que você pretende exercer. Prepare-se para ser singular.

Muitas pessoas se incomodam com os salários de alguns jogadores de futebol. Chegam a considerá-los uma afronta à realidade financeira do País. Bem, eu não penso dessa forma; acredito que, quanto *mais* singular for a habilidade em

> As coisas chegam para aqueles que esperam, mas somente as coisas deixadas por aqueles que agem rápido.
> ~Abraham Lincoln

qualquer profissão, *maior* deverá ser a compensação por isso. Por que o retrato Adele Bloch-Bauer I, do pintor austríaco Gustav Klimt, foi vendido por 135 milhões de dólares, em 2006? *É único*. Por que os diamantes são preciosos? *São raros*. Por que o cachê de Gisele Bündchen para desfilar na SPFW é acima de 6 dígitos? *Ela é única!*

Nem sempre conseguiremos ser singulares no que fazemos, mas podemos nos dedicar a ponto de sermos imprescindíveis. Agora, não devemos confundir *ser imprescindível* com *ser insubstituível*. Ninguém é insubstituível na vida profissional. Se as pessoas desistem de suas carreiras, o mundo corporativo precisa continuar; a economia tem viva própria.

Outro ponto importante em sua preparação profissional são os modelos. Quem é o seu paradigma na área em que pretende atuar? Quais são as suas principais influências? Quem é o seu referencial de qualidade no trabalho? Quais são as fontes de sua inspiração?

Todo artista, em começo de carreira, busca inspiração no estilo de outro artista mais completo e experiente. Se você quer se tornar um executivo de sucesso, deve olhar para quem pode lhe dar dicas importantes. Desenvolva um coração aberto para o aprendizado.

Observe, pesquise, analise. Leia boas revistas especializadas, bons autores. Leia todos os dias. Envolva-se com a área em que espera trabalhar ainda que ela não faça parte de seu mundo. Não desperdice seu tempo livre. Concentre-se naquilo que tem potencial para estimular as suas competências

> É sempre melhor agir a ficar esperando que as circunstâncias se mostrem favoráveis.

e habilidades. Para se manter singular no mundo corporativo, a sorte é apenas um mero detalhe. O que conta mesmo é a partir de que modelo você constrói sua carreira.

Como escritor, estou sempre olhando para o lado, buscando em autores mais experientes algum ingrediente para aprimorar meus textos. Não é uma tarefa das mais divertidas, já que é preciso investir bastante tempo em pesquisa. Entretanto, é a atitude que gera os melhores resultados.

Sempre haverá pessoas mais competentes do que você. Não faça disso um problema; tente enxergar nelas modelos de qualidade que podem ser luz para o seu crescimento.

> Eu lembro a mim mesmo toda manhã: nada que eu disser neste dia me ensinará coisa alguma. Portanto, se eu pretendo aprender, devo fazê-lo através de ouvir.
> ~Larry King

AS PESSOAS SABEM QUE VOCÊ EXISTE?

Simone e eu estávamos no hipermercado comprando algumas guloseimas (*aquelas que só podemos comer uma vez por mês*). Tínhamos planejado um final de semana bem sossegado em família; comédias românticas em DVD, pipoca à vontade e boa companhia.

Enquanto eu estava no caixa embalando as nossas compras, notei que um homem de meia-idade, um pouco à frente, reclamava do preço de algumas mercadorias. Na verdade, ele estava defendendo um senhor que tinha

> A agência publicitária mais indicada para promover os seus sonhos é você mesmo! É de graça e funciona 24 horas.

comprado um produto cujo preço não batia com a indicação na prateleira. Essas disparidades são bem comuns; e o consumidor, se não reclamar, acaba pagando mais caro.

Que atitude legal a dele, defendendo aquele senhor, pensei. Por alguns segundos, senti-me privilegiado por presenciar aquela situação. Afinal, não é todo dia que vemos um ser humano protegendo outro. É raridade...

Quando ele percebeu que eu estava olhando, veio em minha direção, perguntando-me se eu concordava com o que ele dizia. Acenei que sim. Mas, antes que eu pudesse demonstrar qualquer reação a mais, ele estendeu a mão direita para me cumprimentar com firmeza. Em seguida soltou a frase: *Sou Fulano de Tal, candidato a Deputado Federal, número (...) Não se esqueça de mim nas próximas eleições!* E ficou sorrindo como se esperasse um elogio.

Eu não sabia se ria, se jogava minhas compras em cima dele ou se partia para a agressão mesmo. *Que cara de pau! É o cúmulo da hipocrisia!* Assim que percebeu o meu olhar de indignação, aquele pseudocandidato disfarçou e começou a se afastar meio sem jeito.

Embora eu tenha ficado profundamente revoltado com o que assisti, comecei a "admirar" aquele homem... depois que os ânimos acalmaram. Por favor, não me interprete mal. De maneira alguma concordei com o mecanismo que ele usou para se promover, no entanto tive de tirar o chapéu pela *ousadia* com a qual ele me abordou.

Eu não duvido nada que ele consiga uma bela vaga no

Congresso Nacional. Em Brasília, você sabe, *tudo é possível...* a nossa Capital está sempre de portas abertas para candidatos com perfil extravagante.

Você não precisa jogar a ética pela janela para se fazer conhecido. Mas, se o seu marketing pessoal for muito tímido, dificilmente alguém lhe dará uma chance. *Você tem de ser a pessoa certa, no lugar certo, na hora certa.*

Ser a pessoa certa é possível quando você se prepara bem, como já conversamos anteriormente. Mas estar no lugar certo e na hora certa depende diretamente de quanto você tem investido em relacionamentos. Assim como os consumidores tendem a comprar produtos que lhes são apresentados, empresas se inclinam a contratar aqueles que estão na memória do mercado.

Portanto, *você* precisa comunicar às pessoas o que *você* tem de melhor para que elas se lembrem de *você* no momento oportuno. Mas resista aos malabarismos e exageros. Não se esqueça de que o nosso objetivo é buscar uma vida mais simples.

Tentar participar de todas as festas possíveis na intenção de que o mundo todo o conheça pode ter o *efeito inverso*; pode prejudicar bastante a sua imagem. As pessoas vão a festas, em primeiro lugar, para se divertir, e não para reconhecer que as competências que os outros possuem são fantásticas. Quanto mais bom senso houver na hora de mostrar quem

> O segredo de toda originalidade efetiva na propaganda não está na criação de palavras e imagens novas e complicadas, mas colocar palavras e imagens familiares em novos relacionamentos.
> ~*Leo Burnett*

você é, *mais bem aceito você será*. A melhor forma de se relacionar (de olho em sua carreira) é aproveitar o que o mundo está fazendo no momento.

Hoje, a internet é o meio de comunicação mais usado e estratégico que existe. As redes sociais estão redefinindo o modo como as pessoas se relacionam. Elas conseguem agregar indivíduos de todas as classes, crenças, valores. Todos podem ter voz e acesso.

FACEBOOK, TWITTER, ORKUT — ainda há muita polêmica com relação ao uso desses mecanismos de relacionamento. Parece que não há meio-termo; ou as pessoas amam ou odeiam. E até entendo essa reação de extremos.

Como é facílimo ter uma página pessoal na *web*, muitas pessoas sem o mínimo de ética divulgam conteúdo inadequado, enviam vírus, promovem preconceito e violência. Isso tende a afastar as pessoas que apreciam o bem e agem por princípios e com consciência. Mas será que não devemos confiar mais na medicina porque um médico teve má conduta? Será que não devemos mais agir pela ética porque a corrupção fez ninho no Congresso Nacional?

Se o mundo está se envolvendo em redes sociais, então você deve, pelo menos, pensar em fazer parte — com moderação e cautela, é claro. Quando se trata de comunicação, nós ficaremos isolados se escolhermos andar na contramão da sociedade. Às vezes, precisamos ceder um pouco e "dançar mais conforme a música".

> **Todo lugar é lugar para estabelecer bons relacionamentos profissionais.**

Na divulgação eficiente de *quem você é*, o mais importante mesmo é estar atento às oportunidades que surgem no cotidiano. Muitas ocasiões favoráveis aparecem de repente, quando você menos espera.

É por isso que é fundamental sair de casa já preparado para encontrar *aquela pessoa* que vai abrir o caminho para o seu sucesso profissional. Não estou lhe dizendo para fantasiar tudo ao redor, mas você deve esperar sempre o melhor, e estar pronto para gerar um *vínculo de confiança* com as pessoas.

> Ao nascer, o ser humano chora a plenos pulmões publicando a sua chegada. Depois disso cabe a cada um encontrar maneiras criativas e éticas para continuar anunciando a sua marca pessoal.
> ~Jussier Ramalho

Mas, por favor, não saia por aí distribuindo cartões de visita a quem você encontrar pela frente. Essa é uma atitude pedante e invasiva. Cartão, você somente oferece quando lhe pedem.

Seja o mais natural e simples possível. Se as pessoas perceberem que está forçando uma situação, você pode ser mal interpretado e perder uma boa oportunidade. Tente descobrir o que as pessoas precisam para poder atendê-las.

Além de ser equilibrado em seus contatos, você deve encontrar a melhor maneira de apresentar o seu produto, ou seja, a sua *marca pessoal*. Embora o marketing pessoal esteja carregado de subjetividade (já que somos tão diferentes uns dos outros), eu gostaria de dar a você algumas dicas que têm me ajudado ao longo de minha carreira.

Aprendi que a melhor forma de dizer ao mundo *quem sou eu* é destacando as três áreas que oferecem uma visão mais completa de minha vida profissional: **ser**, **ter** e **fazer**.

> A forma como você se relaciona é tão importante quanto a capacidade de realizar tarefas complexas.

Talvez, seja necessário refinar essas áreas antes de apresentá-las ao mercado.

- **Ser**. Empresas não contratam sem levar em conta o temperamento. Talento nas mãos de quem não consegue controlar seus sentimentos mais prejudica do que colabora. É por isso que desenvolver a *inteligência emocional* tornou-se uma condição imprescindível para se obter sucesso na carreira. Quem consegue dominar seus impulsos está pronto para dominar uma cidade, diz o ditado.

Existem dezenas de habilidades que delineiam o perfil ideal de um profissional competente. Mas se ele não estiver disposto a ouvir críticas, trabalhar em equipe, comunicar-se bem, tomar a iniciativa, ser prestativo, íntegro, educado e ter muita, mas muita empatia, toda aptidão intelectual ficará em segundo plano. *Razão e emoção devem estar em equilíbrio.*

- **Ter**. O que você já conquistou até hoje em sua vida profissional? Pense com muito cuidado na resposta que você dará a essa pergunta. Lembre-se: *você não pode dar o que você não tem*. Há muitos jovens em início de carreira que cedem à tentação de fazer do *curriculum vitae* um desfile de moda. São tantos enfeites, informações e conhecimentos que o avaliador nem sabe por onde começar. E o que é pior: nem sempre os dados correspondem aos fatos. Não há ilusão que se sustente eternamente.

Um bom currículo se constrói com tempo e esforço.

Ninguém nasce com uma formação acadêmica invejável; todo mundo sabe disso. Portanto, esperar que um avaliador experiente aceite um currículo incoerente é o mesmo que esperar que um pai concorde em dar a chave do carro ao filho... de 3 anos!

Nenhum gestor exige que você seja o super-homem dos negócios. Mas uma empresa que tem compromisso com a ética espera que você tenha, pelo menos, uma autoavaliação sincera, sem maquiagens.

- **Fazer**. As empresas sempre vão valorizar as competências, porém se você não provar que pode dar *bons resultados em curto prazo*, suas melhores qualidades serão apenas acessórios e nada mais.

É bastante comum ouvir em entrevistas de emprego que o candidato deseja *aprender* na nova empresa. Esse tipo de discurso pode até sugerir humildade, todavia não corresponde ao que as corporações realmente esperam de novos funcionários: *resultados*. A produtividade também é um dos recursos importantes para se medir a competência. Afinal, por que uma pessoa deveria ser contratada se não consegue provar que tem condições de fazer a diferença? Você investiria em alguém que não agregasse nada à sua empresa ou negócio?

Na visão corporativa, os resultados são a razão por que as empresas contratam. O mercado é extremamente competi-

> Para oferecer um serviço verdadeiro, você deve adicionar algo que não pode ser comprado ou calculado com dinheiro, e isso é a sinceridade e integridade.
> ~Donald A. Adams

tivo. Sem o foco no rendimento, nenhum negócio se mantém de pé por muito tempo. Não adianta se agarrar a uma visão romântica da vida profissional, como se as empresas fossem o *playground* do nosso ego. Mesmo no "emprego dos sonhos", a cobrança por resultados será intensa.

Quanto mais degraus você subir em sua carreira, mais responsabilidades assumirá, e expectativas colossais serão lançadas sobre a sua performance.

Muito se espera de quem muito conquista. Você está pronto para essa realidade?

...

Embora eu não tenha me aprofundado na análise dessas três áreas (**ser, ter** e **fazer**), acredito que você já tenha pego o fio da meada. Se você é o principal responsável pelo seu *marketing pessoal*, então é melhor ter em mente a maneira mais proveitosa de fazer isso.

Quando sabemos expressar *quem somos, o que temos a oferecer* e *o que podemos fazer*, com sabedoria e perspicácia, as chances de conquistar uma posição melhor aumenta muito. E não se esqueça: sinceridade é um ponto-chave. Quem age com sinceridade vive livre e seguro, pois não tem de ficar provando o que não é.

As pessoas querem contratar você, e não uma mera imagem do que poderia ser. Desta forma, concentre-se em potencializar suas habilidades, adquirir mais conhecimento e desenvolver bastante equilíbrio emocional.

> Na vida profissional, não dá para contornar um desafio. Ou você o enfrenta, ou retrocede.

Sei que os desafios de construir uma carreira de sucesso são enormes e diários. Mas sei também que sempre haverá excelentes oportunidades para aqueles que sabem onde querem chegar e lutam por isso.

Hoje em dia, obter uma boa formação acadêmica já não é mais uma tarefa quase impossível. Mas a questão principal não é a formação em si; é a maneira como comunicamos nossas competências que determina se alcançaremos um bom alvo ou não.

> Você pode medir um líder pelo tamanho dos desafios que ele assume. Ele sempre procura algo do próprio tamanho.
> ~*John C. Maxwell*

O Desafio é o Ponto da Virada

Assim que me tornei instrutor de pilotos, estabeleci um alvo: trabalhar no Aeroclube de São Paulo, a maior escola de aviação do Brasil. É claro que eu não encontraria essa oportunidade na próxima esquina. Então, comecei minha carreira em escolas de pequeno porte, para adquirir a experiência necessária que me aproximaria do meu objetivo. Mas a vontade de *cravar a bandeira no topo da montanha* permanecia firme em minha mente.

Depois de trabalhar em quatro escolas diferentes, recebi o convite de um amigo professor, que lecionava há muitos anos no Aeroclube de São Paulo, para dar algumas aulas aos fins de semana (*lembra-se da importância dos relacionamentos para o sucesso de sua carreira?*). Não era ainda a realização do meu sonho, mas seria uma boa oportunidade para demonstrar o que eu era capaz de fazer.

Só que três semanas depois aconteceu o que eu real-

> Os desafios são a forma mais eficiente para subirmos um degrau.

mente não esperava. Um dos principais instrutores ficou doente, e a coordenação do Aeroclube precisava de alguém para substituí-lo em algumas aulas particulares. E acabei sendo indicado por outro amigo (*relacionamento de novo!*).

Seria algo normal se as aulas não tivessem de ser dadas para os diretores do Banco Garantia, que na época era um dos mais prestigiosos e inovadores bancos de investimentos do Brasil. Inclusive, ele foi chamado pela *Revista Forbes* de "uma versão brasileira do Goldman Sachs". As aulas seriam no próprio banco, depois do expediente.

Bem, não preciso nem dizer que entrei em estado de paralisia emocional. Eu não sabia como reagir quando recebi o convite. Não me sentia pronto, mas aceitei por uma razão: *quanto maior o desafio, maior a conquista*. E sempre acreditei que todo desafio serve para tirar o melhor de nós.

No primeiro dia de aula, uma assistente me conduziu a uma sala de reuniões. Depois de cinco minutos, chegaram seis diretores — todos com expectativa de pilotar um helicóptero o mais rápido quanto possível.

Quando um dos alunos percebeu o meu nervosismo, disse-me uma das frases mais gentis que já ouvi em minha vida corporativa: *Fique tranquilo... Aqui, você sabe muito mais do que todos nós juntos. Seja o mais simples que puder, e faremos o máximo para deixá-lo à vontade para realizar o seu trabalho.*

Era o que eu precisava ouvir... Pensei no meu sonho, respirei fundo e comecei a aula.

Naquela sala de reuniões, por um pouco mais de dois meses, recebi lições que carrego comigo até hoje. Eu estava ali para ensinar aqueles diretores a voar, mas eles me ensinaram muito mais; aprendi a acreditar no meu potencial e a considerar os desafios como uma chance única de crescer. Ali, exatamente ali, foi o *ponto da virada* em minha carreira como instrutor.

Quando desistimos de um desafio, perdemos muito mais do que uma oportunidade. Nós desperdiçamos a chance de olhar para trás e dizer: *Eu venci! Eu superei isso!*

...

Talvez você esteja vivendo uma fase em que precisa tomar uma decisão pelo bem de sua carreira. Talvez você já tenha um novo caminho a seguir, mas ainda não se sente pronto para se arriscar. Infelizmente, o tempo não diminui o ritmo enquanto estamos indecisos. Se você *já* tem convicção sobre o seu papel neste mundo (*esse é o passo mais importante*), então está na *hora de agir*.

Não tenho o direito de interferir em suas escolhas nem de assustá-lo com as possíveis consequências de sua indecisão. Mas se você está lendo este livro, é porque tem expectativa de encontrar o ponto da virada em sua carreira, assim como eu encontrei. Por isso, sinto-me no dever de, pelo menos, motivá-lo a não desistir. E não é só isso; sinceramente, a minha maior recompensa seria poder vê-lo subindo tantos degraus em sua carreira quantos possíveis.

Você ainda sonha em ser um grande empreendedor, um executivo de primeira, um diretor admirado, um gerente de

> Sem saltos de imaginação ou sonhos, nós perdemos a excitação das possibilidades. Sonhar, afinal de contas, é uma forma de planejar.
> ~*Gloria Steinem*

visão? Então, o que o está impedindo? Se forem as circunstâncias, faça as suas circunstâncias. Se for a falta de oportunidade, mostre ao mundo que você não está aqui a passeio. Se for o medo, aceite todos os desafios que surgirem à sua frente; em pouco tempo, o seu espírito estará mais aguerrido do que nunca. Se forem os concorrentes, não se esqueça de que o mundo corporativo estará sempre aberto a quem se dedica a fazer tudo com excelência.

Para mim, existe apenas uma possibilidade de desistir dos meus sonhos: se as dificuldades forem maiores do que eles. Bem, até agora não encontrei alguma que fosse...

Então, as suas lutas são maiores do que os seus sonhos?

Aproveite esse momento de reflexão, feche este livro e dê uma boa olhada ao seu redor... É assim que você pretende passar o resto de sua vida?

Sua escolha, seu destino.

5
NÃO ESTAMOS
SOZINHOS

A influência da
simplicidade na
vida social

O sentido da vida se encontra do
lado de fora, no que realizamos,
e não do lado de dentro.

A Vida fora das Quatro Paredes

Você é bom de imaginação? Então, tente visualizar a seguinte cena: você está dirigindo por uma avenida tranquila no fim de semana, quando observa um *outdoor* com esta frase: "Como está sua vida social?". Se quisesse responder, em que você pensaria?

E se uma pesquisa de opinião sobre o mesmo tema, *vida social*, fosse realizada no instante em que você estivesse elaborando a sua resposta? Ouso dizer que, numa expectativa bem otimista, mais de 75% dos entrevistados falariam em *happy hour*, baladas e tudo aquilo que compõe o imaginário noturno das cidades. É natural que as pessoas considerem a vida social no contexto da diversão e do prazer. E não vejo problema algum nisso. Principalmente em cidades agitadas, ter um tempo de descontração com os amigos depois de um longo e estressante dia de trabalho não é futilidade, mas *necessidade*.

A mente precisa de momentos assim para aliviar a pressão e se recompor para a batalha do dia seguinte. Mas será que vida social é apenas isso? Será que a minha relação com a sociedade na qual estou inserido se resume a encontrar meios de me divertir *somente*? Bem, pelo tom dessas perguntas, você já deve estar descortinando a minha linha de raciocínio neste capítulo.

Eu amo demais estar com meus amigos. Tenho o maior prazer do mundo em abrir minha casa e oferecer a eles boas rodadas de pizza (*pois é, além de escrever, também me aventuro como pizzaiolo*). Eu vou a festas, casamentos, cafés, congressos. Sempre que o tempo permite, eu tento estar "em todas". Todavia, isso não significa, necessariamente, que a minha vida social esteja bem.

Divertimento, alegria, festa são ingredientes fundamentais da nossa saúde emocional, porém representam apenas um fragmento da vida social. *Existe vida além das quatros paredes do prazer pessoal.* Há questões relevantes na sociedade que *já* não nos preocupam como deveriam. E não se trata de falta de inteligência ou perspicácia; parece mesmo é que a maioria *escolheu* se descolar da realidade. É difícil reconhecer isso, mas as pessoas aprenderam a se preo-

> **A impressão que se tem é de que as pessoas nem sabem o que está acontecendo ao redor.**

cupar somente com circunstâncias que perturbam o seu estilo confortável de vida.

Mas espere um pouco... Há alguma coisa na sociedade que não nos afete diretamente? Eu tenho certeza de que não. Tudo — *exatamente tudo* — o que nos cerca está interligado.

> Se os homens não conseguem fazer com que a história tenha significado, eles podem sempre agir de uma maneira que faça suas vidas terem um.
> ~Albert Camus

Uma metáfora para esse princípio é encontrada no trânsito de cidades como São Paulo. Se um motorista que está 3 km à sua frente *só* diminuir a velocidade (não precisa nem parar), distraído com um "passarinho verde", *o resultado será maior do que a causa*. Mesmo distante, você vai sentir o efeito; o trânsito ficará mais lento por um longo trecho, principalmente se for na hora do *rush*.

Aqui, envolvimento é uma palavra muito importante. Ela é a chave para que sua vida social se alinhe à realidade. Sei que os problemas sociais existem há séculos e mais séculos, todavia é possível amenizá-los com um pouco mais de boa vontade e voluntariedade. Eu sei que isso é "um lugar comum", mas *se todos se envolvessem mais*, o mundo seria um lugar melhor para se viver.

Sozinho eu não conseguirei impedir que crianças — *que deveriam estar na escola* — sejam escravizadas nos semáforos pelos próprios familiares. Mas eu posso dar uma palavra de atenção e respeito a elas, em vez de só acenar que não quero comprar chicletes. Eu posso me inscrever num programa de voluntariado e dar aulas de reforço nos fins de semana. Eu posso doar um pouco de meus recursos financeiros a uma instituição ética e responsável, que age em

> **Não se pode impedir certos efeitos sociais, mas é possível torná-los menos árduos por meio do envolvimento.**

favor de crianças de rua. Eu posso me envolver, em vez de me omitir.

Eu sei, essas atitudes são tão singelas que mais parecem um grão de areia. Contudo, é dessa forma que a simplicidade age — e sempre nos surpreende.

No início do colegial, tínhamos aulas de *artes plásticas* com uma professora oriental supergentil. Uma das técnicas que ela nos ensinava era o *pontilhado*, que consistia em fazer pontinhos com canetas hidrocor coloridas sobre o rascunho bem suave de uma paisagem. No começo, aqueles *simples* pontos não davam nenhuma beleza à imagem; pareciam perdidos no bloco de desenhos. Mas, no final, o efeito era impressionante. Somente os alunos que tinham paciência de ir até o fim sentiam-se como grandes artistas — pelo menos por um dia.

Na vida social, nós encontramos um paralelo com a simplicidade daquelas aulas de artes. Ninguém tem o poder de mudar o mundo sozinho. Mas se *você e eu* fizermos um "pontinho", a sociedade pode ter uma imagem melhor no final. Isso não é utopia; é uma possibilidade. Só que uma postura como essa depende de um sentimento raríssimo nos dias de hoje: *empatia*.

Quando vejo pessoas tão presas aos seus "mundos particulares", confesso que tenho muita dificuldade de acreditar que, algum dia, a empatia encontre espaço em nós.

A única motivação que me faz continuar a escrever sobre vida social, a despeito da desesperança, é o desejo de encontrar a minha *própria transformação*. Se no decorrer deste capítulo eu voltar a ser sensível às necessidades dos outros, talvez a mudança social seja possível. Onde descobri isso? Nas biografias de homens e mulheres que ousaram ser diferentes; que não levaram em conta que lutavam sozinhos. *Apenas acreditaram que seriam os primeiros...* as primícias da mudança.

OLHE PARA O SEU LADO

Quando ouvia, ainda na juventude, Milton Nascimento poetizar: *Amigo é coisa para se guardar no lado esquerdo do peito*, sempre vinha à mente um caleidoscópio de cenas maravilhosas com meus amigos. Era bem mais fácil fazer amizade naquela época; *precisávamos apenas estar juntos*. Parecia que as pessoas tinham tudo em comum; a vida nos bairros era mais familiar.

Hoje, as coisas mudaram bastante. As amizades sem interesse são raríssimas. Quem conseguiria se lembrar de três amigos em quem confia totalmente? Às vezes, nem dentro da própria casa conseguimos esse nível de entrega e amor.

Agora, se temos dificuldade de nos relacionarmos com pessoas próximas, tente imaginar com aquelas que não fazem parte do nosso círculo de vida!

Mas para que preciso me preocupar com pessoas que não fazem parte de minha vida? Seu racio-

> A tragédia das modernas sociedades industrializadas é a superficialidade que projetam (e que aceitamos) como norma para as questões humanas.
> ~*Duane Elgin*

cínio está perfeito. Porém, deixe-me lembrá-lo de que existem lados da vida que nós não conhecemos nem compreendemos perfeitamente.

Gostaria de dar a você mais detalhes por meio de uma experiência que marcou minha história para sempre.

Fui convidado por um grupo de amigos para visitar um hospital para deficientes mentais. Era um sábado de inverno, ensolarado, sem um risco de nuvem no céu.

Assim que chegamos ao lugar, fomos muito bem recebidos pela coordenadora, que logo nos encaminhou para o auditório. Precisávamos assistir a um vídeo educativo, a fim de que corresse tudo bem durante a nossa visita. Inclusive, pela palestra, ficamos sabendo que as "crianças" ali internadas só podiam beber água espessada, por medida de segurança. Eles têm um cuidado impressionante com todos os internos, como se fossem da própria família.

Aqueles pacientes eram "adultos" no corpo, entretanto "crianças" na mentalidade. Havia um rapaz que tinha mais de dois metros de altura, mas raciocinava como um menino de três anos.

Depois, caminhamos até uma quadra coberta, onde os pacientes nos aguardavam ansiosos. O objetivo inicial era levar um pouco de alegria até eles, com jogos, pintura e brincadeiras, mas logo descobrimos que a nossa missão ali era amar aqueles de quem a sociedade já não se lembra mais.

> O ser humano só consegue enxergar bem uma realidade depois de passar por ela.

Para começar, nós preparamos quatro mesas bem grandes, sobre as quais seriam feitas as brincadeiras. No princípio, eu me sentia "preso", um tanto sem jeito, pois era a primeira vez que me envolvia com pessoas em condições especiais. Mas, pouco a pouco, fui descobrindo que, por trás da limitação mental, *havia um ser humano exatamente igual a mim*, que só precisava de mais de amor, de um olhar afetuoso, um abraço apertado, palavras carinhosas... respeito.

> No fim da vida, a maioria dos homens percebe, surpresa, que viveu provisoriamente, e que as coisas que largou como sem graça ou sem interesse eram, justamente, a vida.
> ~*Arthur Schopenhauer*

A primeira lição que aprendi depois que entrei naquela quadra foi que *a maioria de meus problemas não é nada*. Eu poderia ser muito mais feliz se parasse de reclamar de tudo e vivesse mais a vida.

Infelizmente, aqueles pacientes não tiveram a chance de construir uma história *como você e eu temos*. Eles não conseguem ver a beleza do mundo *como você e eu vemos*. Eles não podem ir e vir quando quiserem *como você e eu podemos*. Por que agimos como se nos faltasse tudo?

Deixamos o hospital no final da tarde. Mas não havia em mim o "sentimento de dever cumprido", como é de praxe acontecer nesses casos. Na verdade, o pensamento que não parava de martelar a minha mente era: *Por que esperei tanto tempo para dar atenção a quem precisava?*

Sinceramente, eu não estou aqui para dar lição de moral a ninguém ou me vangloriar por ter sido caridoso. Estou aqui para dizer exatamente o contrário! Antes de qualquer coisa, estou escrevendo este capítulo *para mim*, para denunciar quanto tenho sido relapso com o meu próximo, quanto tenho deixado o egoísmo limitar minhas ações.

> **Existe uma medida transbordante de amor no simples ato de dar atenção a alguém.**

Além de meus familiares e amigos, há pessoas que estão, de alguma forma, *esperando por mim*. Aprendi que é meu papel como ser humano reagir contra o descaso social e conceder a essas pessoas um pouco mais de esperança.

Ser solidário uma vez por ano é fácil; difícil (*mas necessário*) é fazer isso por toda a vida. Solidariedade não pode ser uma espécie de *hobby*, ou uma válvula para aliviar a pressão de minha consciência. Não basta doar recursos financeiros, *é preciso se envolver*, para compreender a dura realidade das outras pessoas.

Ainda hoje, ao fechar os olhos, vejo as imagens daquele dia, no hospital. Havia nos pacientes uma *beleza* que talvez eu não consiga explicar perfeitamente. Por fora, a maioria deles estava marcada pelo sofrimento, pela dor da solidão e abandono, mas, depois que começamos a brincar, surgiram rostos diferentes, com mais brilho. Limitados pela enfermidade, eles não conseguiam se expressar direito, porém dava para ver a felicidade por trás de um sorriso tímido, de um olhar de canto... dos braços balançando.

Sabe de uma coisa: depois daquele dia, algo diferente aconteceu dentro de mim. Eu sei que o propósito da visita era levar alegria aos pacientes. Entretanto, *eu também me senti mais feliz*. O sentido da vida se encontra do lado de fora, no que realizamos, e não do lado de dentro.

Aqui está a chave desse capítulo. Na matemática social inventada pelo homem, as pessoas que mais recebem imaginam ser as mais completas. Só que a vida não gira nesse sentido. *Você e eu* sentimos muito mais a felicidade quando percebemos que somos úteis na solução de algum problema — principalmente, *na vida de outras pessoas*. E a minha intenção é tentar imprimir essa verdade em seu coração.

Muitas pessoas permanecem infelizes porque ainda não se permitiram ser úteis na sociedade em que vivem. Certa vez, um amigo me disse que a *maior felicidade está em dar do que em receber*. Demorei um pouco, mas entendi que isso é a mais pura verdade.

Uma das primeiras expressões verbais do vocabulário da criança é "Me dá! Me dá!". Ela cresce, olha ao redor e percebe que todo mundo busca jeitinhos de *driblar as leis* para ter alguma vantagem, nem que isso jogue a justiça para debaixo do tapete. Em muitos casos, os maus exemplos vêm da própria família. O pai sonega o imposto de renda; a mãe não devolve o troco a mais que recebeu por engano; o irmão exibe como um troféu o chocolate roubado na cantina da escola. E assim a ética evapora...

Por que essa criança se preocuparia com o próximo ao atingir a idade adulta? Durante toda a sua existência, ela "aprendeu" a pensar apenas em si mesma. Só o contato com a dura realidade dos outros, como o que tive naquele hospital, pode despertar as pessoas do "sono social". Podemos até imaginar como os outros se sentem, mas isso não nos dá a visão exata da realidade. Somente quando nos envolvemos é que começamos a perceber quanto a vida tem sido difícil para algumas pessoas.

Durante alguns meses, fui convidado para participar de um *grupo de apoio* a dependen-

> Ganhamos a vida através do que recebemos. Fazemos uma vida através do que damos.
> ~Winston Churchill

tes químicos e psíquicos, bem como a seus familiares, chamado *Reviva*. Naquelas noites de quinta-feira, as pessoas recebiam conselhos e palavras de encorajamento, sem nenhum tipo de crítica ou julgamento. Elas tinham a chance de abrir o coração, se quisessem; e, caso concordassem, poderiam ser encaminhadas a uma clínica de recuperação, patrocinada pela equipe. Era um ambiente simples, em que o dependente se sentia como um ser humano novamente, e não como uma *aberração social*.

Embora houvesse ali profissionais de apoio, como psicólogos e advogados, não usávamos abordagens técnicas. Aquele trabalho tinha duas metas bem definidas: *ouvir atentamente* o que os dependentes e suas famílias tinham a dizer, e *amá-los e aceitá-los* sem nenhuma exigência.

O amor é o único antídoto para o vício. O amor é a única força capaz de alterar a rota de destruição na vida de uma pessoa. Se você quer realmente compreender quanto as drogas têm destruído a nossa sociedade, então você precisa ouvir a história de um dependente. Ao ouvir todas aquelas histórias cheias de dor, a minha perspectiva da vida mudou por completo. A dependência não é um "problema" que nós devemos despejar nas mãos do Estado. É minha responsabilidade; é meu dever também.

Qual é a saída? Simples. Em vez de realizarmos mega-ações sociais uma vez por ano, podemos fazer uma por dia. Se, pelo menos, doássemos um tempo do nosso mês (*apenas uma hora*) para visitar um orfa-

> Embora os sonhos pessoais sejam maravilhosos, eles podem facilmente fechar os nossos olhos para a dura realidade daqueles que estão ao nosso lado.

nato, um asilo, um hospital ou uma clínica de recuperação, o mundo não seria o caos o qual fingimos não enxergar.

Sempre acreditei que *qualquer realidade pode ser transformada*,

> Uma pessoa é única ao estender a mão e, ao recolhê-la, torna-se mais uma.
> ~William Shakespeare

por mais enraizada que esteja. Todavia, não tenho a menor intenção de ser dogmático ou imperativo; eu não quero apenas provocar mais responsabilidade (como se não bastassem as que você já tem). Gostaria apenas de ter a chance de dar mais sentido à sua vida social, de lhe apresentar um lado muito especial: *dentro das outras pessoas*.

Quem sabe, *você e eu* possamos, um dia, visitar aquele hospital juntos ou dar apoio a dependentes? Seria uma experiência marcante... Você aceita o convite?

SUA ESCOLHA, SUA CIDADE

Eu sou *carioca* por nascimento, mas *paulistano* por escolha. Desde o primeiro dia em que toquei as ruas e avenidas de São Paulo, um sentimento diferente nasceu dentro de mim. E o "culpado" desse amor — pelo menos em boa medida — foi um grande amigo, *Carlos*, que me levou para conhecer os recantos dessa cidade extraordinária. Ele até me apresentou ao "mate gelado com leite". Que delícia!

A maneira apaixonada como Carlos falava da Praça da Sé, do Pátio do Colégio, da Avenida Paulista, do MASP, dos bairros típicos, abria o meu coração para tentar ver além do concreto, da densa camada de poluição e do trânsito já

> A minha casa vai muito além dos muros e grades que cercam o meu condomínio.

caótico na época. Enquanto ele descrevia os aspectos históricos, eu tentava registrar cada detalhe. Com ele, *eu aprendi a amar São Paulo, sua gente, sua cultura, sua história.* Os contrastes dessa cidade me inspiram até hoje...

Se você teve a chance de conhecer São Paulo, deve estar achando que minhas palavras são puro delírio. Eu entendo. Afinal, *como é possível amar uma cidade tão poluída, barulhenta e agitada?* O amor tem dessas coisas...

Eu acredito que existem duas formas de amar. Uma é aquela que nos arrebata, que nos surpreende... É a *paixão*! A outra é *por meio de uma escolha*. A primeira vem do instinto e, quase sempre, é avassaladora e passageira; a segunda surge da consciência, do olhar mais fundo, e tende a durar bastante.

Quando eu afirmo que "aprendi a amar São Paulo", não estou usando uma figura de linguagem. Estou dizendo que realmente tive de aprender a olhar essa cidade com outra perspectiva. Tive de permitir que ela fizesse parte da minha *vida social*.

Eu passei a apreciar tanto São Paulo que devo ter influenciado sem perceber meu primeiro filho, *Rafael*. Quando passávamos de carro pela Marginal, ele suspirava pelo Rio Tietê, mesmo com toda aquela sujeira boiando, sem falar do odor típico. O mais engraçado é que Rafael — que, na época, tinha 4 anos de idade — ficava impressionado, segundo ele, com as "lindas cachoeiras" (*os córregos de esgoto que desaguavam no rio*). Até pensei que, um dia, ele pudesse se interessar por Geografia.

Mas por que estou lhe dizendo tudo isso? Tenho certeza de que as pessoas amam e admiram o lugar onde vivem, e até o defendem com vigor. Entretanto, a maioria se esquiva quando se trata de se envolver na vida pública das cidades.

Neste exato momento, eu estou tentando me lembrar *em quem votei nas últimas eleições...* Sabe de uma coisa? Eu não consigo me recordar de quase nada. Isso é uma vergonha para mim! Como alguém pode dizer que ama uma cidade e não se lembrar em quem votou?!

Infelizmente, as coisas podem piorar bastante. Porque, além de não se lembrarem do voto, muitas pessoas — *como eu* — não demonstram o menor interesse em acompanhar o que seus governantes estão fazendo. Só se manifestam quando grandes escândalos aparecem na mídia, ou seja, *quando só nos resta sofrer as consequências.*

Fique tranquilo. Não vou pedir o seu voto no final deste livro. A vocação pública — pelo menos até agora — não faz parte das minhas competências. Também não defenderei nenhuma linha política, muito menos estimularei a anarquia. Mas... tenho vocação para reagir! Eu não permitirei mais que a minha cidade seja "sugada" por pessoas que desprezam a ética, distorcem a verdade, manipulam os fatos. Sei que sozinho não conseguirei mudar nada... mas quem disse que eu estou sozinho? *Há milhares de pessoas que também estão inconformadas com a corrupção.* Talvez, elas não tenham coragem para dar o primeiro passo, porém estão prontas para fazer a diferença,

> Descobri que sempre tenho opções; e algumas vezes isso é apenas uma escolha de atitude.
> ~Judith M. Knowlton

para reagir contra este tipo de política que só mira na vantagem pessoal, que escandaliza, que desonra o voto. O que elas precisam é de um bom estímulo.

Mas como reagir contra um sistema político tão enraizado na vida das cidades? Acredite, isso não é tão difícil assim. Você pode fazer a diferença na vida política e social de sua comunidade com atitudes bem simples: *relembrar, escolher, acompanhar, criticar* e *sugerir*.

- **Relembrar.** Você já deve ter ouvido esta frase antes, mas vale a pena repeti-la: O *povo tem memória curta*. Alguns políticos não se preocupam mais com a ética porque sabem que seus "atos podres" ficarão protegidos pelo passado. As lembranças constituem o principal argumento para o voto consciente (pelo menos deveriam).

- **Escolher.** Usamos critérios precisos para decorar nossa casa, mas optamos pelo "achômetro" quando se trata de decidir em quem votar. Se soubéssemos que toda escolha (*por menor que seja*) traz uma consequência (*boa ou desastrosa*), pensaríamos melhor antes de entregarmos nossa cidade nas mãos de "seres" que se dizem humanos e "representantes" do povo. Sim, representam muito bem... *a si mesmos*.

> Tudo que acontece em sua cidade afeta profundamente a sua vida, em todos os níveis possíveis.

- **Acompanhar.** Em algum momento da história, incutiram na mente das pessoas que política é um "saco". Se tudo o que é decidido nas "câmaras" afetam a minha vida, o mínimo que posso fazer é acompanhar atentamente o que "estão decidindo em meu nome". Assim, terei argumentos para fazer outras escolhas no futuro... *bem melhores*.

> Você faz o que parece ser uma simples escolha: um homem, um emprego, um bairro; mas na verdade o que você escolheu foi uma vida.
> ~*Jessamyn West*

- **Criticar**. Precisamos compreender que viver em paz não significa *ser passivo*. Aceitar tudo o que nos empurram é viver alienado da realidade. A corrupção encontra espaço em sociedades em que não existe crítica. As *grandes* mudanças políticas vieram depois de *grandes* movimentos sociais. Mas isso só acontece de tempos em tempos. Se as críticas fossem diárias e maduras, as mudanças seriam mais rápidas, eficazes e duradouras.

- **Sugerir**. A máxima de que *em time que está ganhando não se mexe* não funciona nem no futebol. O treinador que mantém uma atualização constante de sua tática é o que mais conquista. Existem ideias criativas "perdidas" entre a população simplesmente porque as pessoas imaginam que não serão ouvidas. São percepções equivocadas como essa que nos afastam da transformação social. Sugira sempre!

. . .

Existem pessoas que acreditam em *destino social*. Eu não sou uma delas. Acredito, sim, em escolhas conscientes, em atitudes simples, mas eficazes. Não sou *expert* em política, mas eu sou amante da minha cidade. Eu posso não saber decifrar todos os mecanismos sórdidos que mantêm alguns

> **O destino das nossas cidades é traçado pelas escolhas que fazemos.**

políticos com as "rédeas" nas mãos durante tanto tempo, todavia sei o que é melhor para minha cidade.

Sinto muito por você ter de ouvir meu desabafo... é que estou cansado de assistir a esse *teatro de horrores* e não dizer nada. Agora sei que a minha cidade depende diretamente das minhas escolhas.

Acabei de assistir na TV a um político tentando justificar seus atos de corrupção. Tive vontade de vomitar. Como certas pessoas insistem argumentar em defesa própria mesmo diante de fatos tão contundentes?

Olhando para mim mesmo, sei que sozinho não tenho o poder de destituir um político corrupto. Entretanto, o que me anima é ter mais certeza ainda de que existem centenas de milhares de cidadãos que sentem a mesma indignação que eu sinto. Talvez você seja um desses que querem fazer a diferença.

Um dia, esse jogo vai virar, e não seremos mais reféns de um sistema em que a manipulação é vista como estratégia. Acho que a maior arma da politicagem é fazer com que nos sintamos sozinhos. Nós podemos estar sozinhos por não nos conhecermos, todavia, por meio de escolhas conscientes, estamos nos aproximando mais a cada dia.

As escolhas permeiam toda a nossa vida. Você está lendo este livro por uma escolha (*espero que tenha sido uma boa escolha*). Decidimos pelo que comer, vestir; optamos por uma religião, um Deus. *Sempre teremos liberdade de escolha.* É o único recurso que possuímos para começar uma mudança social em que todos tenham boas oportunidades.

Ainda existem muitas pessoas de bem, que podem fazer

a diferença na política, que não se dobraram à corrupção. Mas elas não poderão fazer absolutamente nada se *você e eu* não estivermos dispostos a reavaliar nossas escolhas.

É bem mais cômodo apontar culpados para o *caos político* em que se encontram nossas cidades. Mas se vivemos numa democracia (é o que parece), quem são os responsáveis por esses problemas?

Bem, acho que não conseguirei fazer de cabeça uma relação tão extensa e completa, mas dá para começar indicando o primeiro nome da lista: *Eu.*

MEU PÉ DE LARANJA-LIMA

Tive o prazer de ler excelentes obras na minha adolescência. Enquanto meus colegas de classe se lamentavam quando a professora passava mais um trabalho de leitura nas férias, eu já me imaginava imerso naqueles roteiros fantásticos... aventuras de tirar o fôlego.

Dentre todos os livros daquela época, *Meu pé de laranja-lima* tornou-se o predileto. *José Mauro de Vasconcelos*, o autor, transformou uma história simples num enredo inesquecível. Até hoje esse livro é debatido em saraus de leitura pelo Brasil afora; além disso, foi traduzido para 32 línguas e publicado em 19 países.

A história do menino *Zezé* que conversava com uma árvore no quintal de casa me marcou, principalmente, pela sen-

> Eu também quero voltar à natureza. Mas isso não significa ir para trás, e sim para a frente.
> ~*Friedrich Nietzsche*

sibilidade do autor de fazer *da natureza um ponto de refúgio e transformação*. Fantasia? Imaginação? Não sei. Mas o que importa mesmo, nessa história tão singela, é que a interação homem–natureza foi a motivação para que o menino acreditasse que a vida poderia ser melhor.

Mas que relação há entre o *Meu pé de laranja-lima e a minha vida social?* Bem, dá para responder com uma só palavra: tudo. Para onde as pessoas sempre "fogem" num feriado prolongado? Quais são os principais destinos das famílias em férias? Não é preciso pensar muito para chegar à conclusão de que 95% procuram por *lugares paradisíacos* para relaxar e esquecer a correria do trabalho. Ninguém planeja passar suas férias numa cidade poluída, suja e barulhenta (com exceção de *Nova York*, é claro).

Há alguns anos, um amigo me convidou para passar o feriado da Páscoa em *Camburi*, no litoral norte do Estado de São Paulo. As praias daquela região são estonteantes. Nós ficamos numa casa maravilhosa, cuja arquitetura mesclava rusticidade com tons modernos.

Enquanto eu caminhava em direção à praia, notei que havia pousadas bem refinadas perto dali. O que eu não entendia era que, mesmo assim, a maioria das ruas era de barro com areia. Perguntei ao meu amigo por que os proprietários das pousadas não cobravam da prefeitura mais atitude para melhorar aquela situação.

> É fácil admirar a natureza quando não nos sentimos responsáveis por preservá-la.

Mas são exatamente os donos das pousadas que não deixam a prefeitura asfaltar as ruas!, ele me respondeu. *Quanto mais natural for o lugar, mais os turistas vêm aqui*, completou.

Todo mundo ama a natureza, reconhece o valor das matas e florestas, dos rios e lagos; até simpatiza com a preservação ambiental, desde que não precise assumir qualquer responsabilidade. Nós olhamos para a

> Todo homem é culpado por todo bem que ele não fez.
> ~ Voltaire

natureza como um presente dos céus, mas não ficamos indignados quando ocorrem queimadas criminosas, quando florestas inteiras são dizimadas, tudo a favor do lucro... de algumas "famílias".

É verdade, existem leis que impedem a poda e o corte de árvores sem autorização em algumas prefeituras, mas isso nunca vai funcionar *enquanto a mentalidade humana não mudar*. Com relação à natureza, precisamos compreender que não fazer nada é o mesmo que concordar com a destruição. A omissão também é uma escolha.

Calma... não sou nenhum espião do *Greenpeace*. Admiro a causa deles, mas eu continuo sendo apenas um cidadão comum, que tenta compreender e respeitar o mundo em que vive. E não vou debater a relação *trabalho–terra*, que suscita tanta divergência entre governo e população. Nossos deputados e senadores são muito bem pagos para buscar soluções para esse tipo de impasse. Vou deixar que eles exercitem mais o pensamento... se é que podem.

O assunto que eu gostaria de conversar com você neste fim de capítulo é algo que tem me incomodado profundamente: *a questão do lixo urbano*.

Simplesmente, não entra na minha cabeça como o homem moderno é capaz de produzir tanto lixo num espaço de tempo tão curto. Para ser mais preciso, *você e eu* produzimos por volta de 1 kg de lixo antes do pôr do Sol. Se

> **O lixo que produzimos revela o tipo de vida que levamos ou no que nos tornamos.**

somarmos a produção mundial, os números serão assustadores. Só o Brasil gera 240 mil toneladas de lixo todo santo dia.

Ah, mas isso é coisa que só acontece na América Latina!, talvez você pense. Sinto informá-lo que não é. Infelizmente, gerar lixo virou mania mundial. Os Estados Unidos e a Europa, por exemplo, poluem muito mais do que nós. No *Mar Mediterrâneo*, por exemplo, há 3 milhões de toneladas de lixo. O plástico tomou conta de tudo, está na superfície e até a mil metros de profundidade.

Poluir também não é um comportamento apenas de pessoas que têm baixo poder aquisitivo. Os ricos poluem muitos mais do que os pobres. Quem tem mais, adquire mais e descarta mais. Resultado: muito mais lixo. É a dura contabilidade do mundo moderno.

Existe uma área oceânica que já está sendo considerada a maior concentração de lixo do mundo, com milhares de quilômetros de extensão. Começa na costa da *Califórnia*, atravessa o *Havaí* e chega a meio caminho do *Japão*, atingindo uma profundidade de mais ou menos 10 metros.

Acredita-se que haja ali cerca de 100 milhões de toneladas de plásticos de todos os tipos. Foram encontrados pedaços de redes, garrafas, tampas, bolas, bonecas, patos de borracha, tênis, isqueiros, sacolas plásticas, caiaques e malas, dentre outros *souvenirs*. Essa mancha de lixo, ou *sopa plástica*, se fosse espalhada, teria quase duas vezes o tamanho dos *Estados Unidos*. Dá para imaginar algo assim?

O pior é que o lixo não está somente sobre a terra ou sob o mar... Existem toneladas de detritos acima da sua cabeça!

É isso mesmo! Na órbita terrestre, há mais de 20 mil pedaços de restos de foguetes, satélites e naves. Tudo se movendo a mais de 30.000 km/h! Dá para imaginar? Bem, pelo menos o nosso querido *Brasil* não pode (ainda) ser culpado por produzir lixo no espaço.

Tudo isso é aterrorizante, mas constitui apenas uma fração do que acontece no mundo. Para que você tenha o seu próprio "choque", faça uma pesquisa no *Google* com a frase: "quantidade de lixo no mundo".

Bem, depois desse "aterro" de informações sobre o lixo, temos duas escolhas a fazer: ou deixamos tudo como está (*e assistimos de camarote ao apocalipse ecológico*), ou tomamos uma atitude e passamos a reciclar mais e melhor o nosso próprio lixo. Não há meio-termo.

Minha maior preocupação não está no processo de reciclagem, mas na *escolha pela reciclagem*. Enquanto não desenvolvermos a consciência de que reciclar é uma decisão pessoal, não vai adiantar nada. Se não entendermos que a reciclagem faz parte da vida social, nada mudará, quer dizer, tudo pode piorar... e muito.

A quantidade de lixo nas cidades aumenta em proporções assustadoras porque a cada dia mais recursos são gastos. É o círculo vicioso do consumismo, que a cada dia faz mais reféns.

A essa altura, é provável que você esteja se perguntando por que estou dando tanta ênfase à questão do lixo. *Não seria melhor motivar as pessoas a preser-*

> A nossa civilização está condenada porque se desenvolveu com mais vigor materialmente do que espiritualmente. O seu equilíbrio foi destruído.
> ~*Albert Schweitzer*

varem as nascentes, florestas, rios? E quanto ao consumo de água, não poderíamos lhe dar um destaque maior?

Mais uma vez, seu raciocínio está perfeito, mas pense um pouco comigo. A produção de lixo está diretamente relacionada à degradação de tudo que eu citei no parágrafo anterior. O *lixo eletrônico* aumenta exponencialmente porque todo mundo quer o celular da moda. E o que fazemos com o celular mais antigo? *Jogamos na lata do lixo.* Com isso, mais matéria-prima é usada (como a água) para satisfazer a vaidade humana. Simples assim. Infelizmente.

Para que você tenha uma ideia mais completa sobre isso, segundo estudo da UNESCO, há o consumo de *80 litros de água* por dólar de produto industrializado — com base na média mundial. Isso significa que o consumismo gasta mais água do que a agricultura.

Nos dias de hoje, descartamos quase tudo de um ano para o outro. Se, pelo menos, levássemos esses materiais às estações de reciclagem, *o prejuízo seria menor.* Mas é claro que não agimos assim. Se eu posso jogar meu celular com alguns meses de uso diretamente no lixo da cozinha (com bateria corrosiva e tudo), por que me preocuparia em levar o aparelho até um local de coleta seletiva? As pessoas se mostram tão inteligentes quanto à *ciência* e tão idiotas quanto à própria *consciência*. Somos assim...

Perdoe-me por essa enxurrada de queixas. Certamente, você não merece ler nada disso. É que me sinto exausto por assistir ao ser humano não só destruindo a si mesmo, como também aniquilando o últi-

> O ser humano é capaz de prever quase tudo, menos o caos ambiental que se aproxima.

mo fôlego de vida da Terra. Estou cansado de presenciar "*mau*toristas" jogando papéis, latas de cerveja, restos de cigarro pela janela do carro, pensando que isso é normal. Estou cansado de ver nossas calçadas

> A terra nos ensina mais acerca de nós mesmos do que todos os livros. Porque ela nos resiste.
> ~Antoine de Saint-Exupéry

(*nossas, porque são públicas*) horrivelmente manchadas por chicletes. Estou cansado da hipocrisia dos panfletos que trazem escrito: *Não jogue na via pública.*

Enquanto penso em como fechar este capítulo, as imagens do romance *Meu pé de laranja-lima* ficam me visitando. É uma sensação estranha... Eu quero escrever mais algumas críticas contra aqueles que têm como estilo de vida a destruição, mas há um sentimento aquietando o meu coração. *Talvez seja a esperança.*

Ainda acredito que podemos viver em paz com a nossa casa, *o mundo.* Ainda acredito que podemos desfrutar da natureza sem aniquilá-la. Ainda acredito que a mentalidade gananciosa das pessoas possa ceder à *simplicidade.*

...

Aprender a viver em sociedade é, de longe, um dos maiores desafios do ser humano. Provamos que podemos conquistar tudo em matéria de ciência, porém ainda engatinhamos (*às vezes, para trás*) quando se trata de relacionamento social. Até tentamos, mas desistimos ao primeiro sinal de resistência. Se as pessoas soubessem quanto a felicidade depende da vida social, talvez dessem o primeiro passo mais vezes.

Acabei de assistir a uma reportagem em que uma jovem estava sendo questionada sobre o seu posicionamento político. Ela respondeu com sinceridade: *Tudo na sociedade está interligado; a política, a vida das pessoas, tudo.* São declarações como essa que ainda mantêm de pé a minha esperança de que a transformação social é possível.

Neste momento, estou sorrindo... é verdade! É muito bom quando a esperança (ainda que seja apenas um fio) renasce no coração. Como diz uma das letras dos *Titãs*:

"Dias melhores virão...".

6
QUANDO OLHAMOS PARA CIMA

A influência da simplicidade na vida espiritual

Espiritualidade é a marca
de quem reconhece que a vida
não se completa sozinha.

Sensibilidade para Perceber

Ainda me lembro como se fosse hoje quando Simone, minha esposa, reclamava de palpitações. Como ela era muito jovem na época, não considerei que sofresse de alguma cardiopatia. Nem sequer cogitei de levá-la ao médico; apenas imaginei que estivesse estressada ou algo assim.

Nem sempre a realidade acompanha a nossa imaginação. Havíamos planejado almoçar na casa de um casal de amigos naquele domingo. Pratos de dar água na boca, companhia agradável e uma taça generosa de vinho.

Tudo era alegria e prazer até que notamos que Simone

estava quase deitada sobre um sofá, parecendo nada bem. Rosto pálido, respiração difícil. Fiquei muito preocupado; nunca tinha visto minha esposa tão debilitada.

Imediatamente, tomamos Simone pelos braços e a levamos ao hospital. Durante o trajeto, eu ainda pensava que tudo aquilo não estivesse realmente acontecendo. Parecia que minha mente tinha se desprendido da realidade. Talvez fosse apenas uma reação, não sei ao certo.

Assim que passamos pela portaria do hospital, fomos direto ao setor de emergência. Enquanto um enfermeiro levava Simone às pressas para uma sala, fiquei na recepção para preencher o documento de entrada. Mas, naquela hora, eu nem sabia o que estava lendo e assinando...

Depois de cinco minutos, comecei a caminhar em direção à sala onde Simone estava. Mas não consegui entrar. Os médicos corriam de um lado para o outro; os enfermeiros carregavam aparelhos nas mãos. Alguma coisa grave estava acontecendo. *Quando vemos uma cena como aquela, o que podemos imaginar?*

Entrei em desespero. Simone havia sofrido uma parada cardíaca e estava sendo reanimada. Eu não sabia se chorava, se gritava, se morria. Meu corpo começou a tremer; não conseguia pensar em nada. De repente, um médico abre a porta e diz: *Conseguimos estabilizá-la, mas a arritmia não quer ceder. Ela corre risco de morte.* Eu não conseguiria ficar ali sentado sem fazer nada. Saí daquele corredor em disparada para algum lugar, qualquer lugar. Às vezes, o desespero se torna a única forma de reencontrarmos a esperança.

> **Os sentimentos que nos mantêm de pé quase sempre nascem daqueles que tentam nos abater.**

Já do lado de fora, notei que havia nos fundos do hospital um campo gramado, ladeado por um bosque. Minha reação naquele momento foi correr para aquele lugar.

> Ali, onde reside a dor, está também aquilo que salva.
> ~Friedrich Holderlin

Quase instintivamente, dobrei meus joelhos, olhei para cima e disse: *Por favor, me ajude... Não a deixe morrer.*

Não me lembro por quanto tempo fiquei ali prostrado, mas foi tempo suficiente para reconhecer a minha incapacidade diante daquela situação de perda iminente.

Sinceramente, eu não sei como explicar, mas mesmo naquele turbilhão emocional senti-me *confortado*, ou talvez *seguro*, não sei. Eu estava apavorado, sim, porém alguma coisa se revirava dentro de mim; *comecei a ter esperança*. Era um misto de sentimentos que, por mais que eu tente, não conseguirei explicar com palavras.

Eu queria e, ao mesmo tempo, não queria voltar àquela sala... Tinha medo da notícia que receberia. Eu não conseguia parar de pensar em nossos dois filhos. Mas eu precisava voltar. Eu tinha de enfrentar o que viria pela frente. Não sei se você já passou por isso... Eu sentia como se algo estivesse para acontecer. Mas seria uma coisa boa?

De repente, o silêncio foi quebrado maravilhosamente: *Marcelo, ela está melhorando. Os medicamentos estão fazendo efeito. Você quer vê-la?*, disse o médico oriental de cabelos espetados. Foram as palavras mais lindas que já ouvi em toda a minha vida.

Entrei na sala não sentindo o chão. Cheguei perto... Simone estava com os olhos vermelhos e um pouco inchados. Mesmo assim, quando me viu, ela conseguiu dar um

> A vida espiritual é uma questão de percepção. É tentar enxergar além do que os olhos conseguem alcançar.

sorriso tímido. Acariciei seus cabelos suavemente...

Não se atreva a fazer isso de novo, meu amor, pensei enquanto disfarçava o choro. E quem disse que as palavras conseguiam sair? Só tive forças para segurar sua mão esquerda e desejar o instante em que estaríamos em casa novamente. É nessa hora que percebemos quanto as coisas mais simples são maravilhosas.

Hoje, quando reviro essas lembranças, dois sentimentos opostos me tomam. Embora meu coração aperte ao recordar aquela tarde, sinto-me profundamente recompensado por ter percebido que, *acima da minha dor*, existe algo que conforta e renova a esperança. É como a criança que, depois de um pesadelo, pode correr para o quarto ao lado e se lançar nos braços dos pais.

Embora seja um assunto que desperte bastante divergência, a espiritualidade faz parte da nossa vida tanto quanto o ar que respiramos. Acredito que todos nós reconhecemos que existe algo além do alcance dos nossos olhos. A única diferença está na maneira como descobrimos a própria espiritualidade.

Comigo foi num momento de dor intensa, mas não quer dizer que isso seja uma regra. Há pessoas que se tornaram mais espirituais como resposta a um ato de bondade que receberam ou por se sentirem especialmente amadas. Além disso, a própria peculiaridade da vida sugere que a realidade física é apenas uma parte do todo.

Por exemplo, por mais que eu tente educar meus três

filhos com equilíbrio, a cada ano que passa, eles se diferenciam mais um do outro. Eles se parecem comigo fisicamente (*ainda bem*), porém apresentam temperamentos únicos; não há um padrão no comportamento deles, embora tenham recebido carga genética semelhante. Se você tem filhos, sabe do que estou falando.

Agora, *por que os filhos são diferentes entre si e até dos pais?* Nós temos a resposta, mas, por medo de sermos ridicularizados, não a expressamos claramente. No fundo, sabemos que as pessoas são diferentes porque elas carregam dentro de si uma essência única. Talvez essa essência se chame *alma*, talvez *espírito*. A nomenclatura não é o que mais importa aqui, mas o reconhecimento de que existem coisas que não podem ser explicadas fisicamente.

É por isso que a simplicidade é mais do que bem-vinda na vida espiritual; ser simples é o melhor filtro para se desenvolver a espiritualidade de forma saudável.

Você já percebeu como as crianças são sempre mais espirituais do que os adultos? Na infância, ainda somos nós mesmos, na mais pura essência. Mas quando chegamos à maturidade, parece que nos conformamos à realidade que certas culturas determinam. É como se nos vestíssemos com um traje de insensibilidade espiritual.

Bem, eu estou escrevendo sobre *espiritualidade*, mas nem sei se você está aberto a esse tema. Fique tranquilo. Não pretendo fazer abordagens ortodoxas sobre religião e fé. Apenas gostaria de descrever alguns aspectos da vida espiritual que aprendi com um bom *amigo*, e que, até hoje, lançam sentido à minha espiritualidade.

> Quero a delícia de sentir as coisas mais simples.
> ~Manuel Bandeira

SER FELIZ E MAIS NADA?

A felicidade é a razão da existência de todo ser humano. Por mais que sejamos diferentes em tantos aspectos, somos exatamente iguais na *necessidade de ser feliz*. Cantamos a felicidade em nossas canções, poesias, em verso e prosa, mas nem sempre essa "sede" por ser feliz é correspondida em todos os momentos da vida, infelizmente.

Não sou *expert* em felicidade, nem conheço uma fórmula que torne a vida mais bela, como diz *Bellini*. Portanto, o que eu estou escrevendo neste capítulo está mais para uma conversa do que para uma análise profunda sobre o tema. Mesmo porque não é nada fácil falar de felicidade; é um assunto muito subjetivo.

Há pessoas que são felizes, e não conseguem perceber isso; enquanto outras carregam uma tristeza sem fim no coração, mas continuam mentindo para si mesmas, dizendo que tudo está bem. Na verdade, muitas pessoas se sentem infelizes porque insistem em agir como se a felicidade fosse um *sentimento* ou o *resultado imediato* de algo que fizeram ontem.

> Podemos ter a motivação certa para buscar a felicidade, mas isso não garante que estejamos mirando no alvo certo.

Deixe-me tentar esclarecer. Existem sentimentos que aparecem como resposta a uma *atitude* que tomamos ou em razão do *comportamento* de outra pessoa. Por exemplo, se você sai de carro para o trabalho todo sorridente e, no meio do caminho, recebe uma "fechada" daquelas, que sentimento o toma naquele instante? Você pode ser a pessoa mais pacífica do planeta... mas quando isso acontece, no mínimo fica indignado; *outros abraçam a violência verbal e até física*.

> A felicidade depende mais do estado de espírito do que das circunstâncias exteriores.
> ~Orison Swett Marden

Os sentimentos tendem a expressar *o que temos por dentro*. Mas não é assim que acontece com a felicidade. Eu posso sentir raiva por alguém ter me insultado, mas esse sentimento ruim normalmente só age durante a ofensa. Depois passa... Imagine se eu mantivesse em meu coração a raiva por todos aqueles que me agrediram! Certamente, eu não estaria escrevendo este livro; nem sei se estaria vivo.

O que realmente quero dizer é que *a felicidade não é um sentimento nem depende de sentimento algum*. É um estado interior que transcende a nossa realidade física, ou seja, a felicidade é espiritual. E assim como toda disciplina espiritual, ela não está centralizada em nosso ego, portanto, não pode ser atrelada ao "que somos", mas ao "que fazemos". Mas fazer o quê? Bem, fazer alguém feliz. Madre Teresa de Calcutá dizia que não devemos permitir que alguém saia de nossa presença sem se sentir melhor e mais feliz.

A aritmética da vida espiritual não é como imaginamos. Quando você se dispõe a levar felicidade a alguém, sem esperar nada em troca, a própria vida põe um senso de felicidade em seu coração que nem mesmo as piores circunstâncias conseguem apagar ou diminuir.

Não dá para ser feliz olhando apenas para si mesmo. Acredite, a felicidade está no que fazemos pelos outros.

> **Quando todos pensam na felicidade do outro, fica mais fácil todos serem felizes.**

Concordo com você. Essa é uma lógica difícil de compreender e aceitar. *Como conseguirei ser feliz olhando mais para os outros do que para mim?* Mas se você pensar um pouco comigo, perceberá que as pessoas podem até dizer o contrário, porém elas se sentem mais felizes quando sua *expertise* dá respostas às necessidades sociais e familiares dos outros.

Os pais ficam muitíssimo satisfeitos quando conquistam a casa própria, mas a felicidade deles só se completa mesmo quando os filhos estão bem-educados e encaminhados na vida profissional e familiar. A felicidade de um bom empresário não depende apenas da lucratividade; seu foco principal está na transformação da realidade das pessoas, no ramo de atividade em que atua.

A felicidade de um político sério, que realmente tem paixão pela vida pública, é proporcionar bem-estar ao povo que lhe confiou o voto. A felicidade de um professor se revela na formação completa dos alunos, principalmente na preparação para a vida, para a cidadania.

As árvores alcançam o seu propósito maior quando dão frutos; todavia, ela não usufrui do que produz. Você já parou para pensar nisso? Mesmo atitudes nobres como amor, justiça e empatia somente contribuem para a nossa felicidade se forem aplicados em favor de outra pessoa.

Amar *apenas* a si mesmo não nos faz mais felizes, mas egoístas. Ser justo *apenas* pelas nossas causas não nos faz mais felizes, mas preconceituosos. Ter empatia *apenas* por aqueles que nos fazem favores não nos faz mais felizes, mas oportunistas. Agora, não pense que estou tentando promover *ações sociais*. Não é isso. Ser solidário é um dever de todos nós, a despeito de sermos espirituais ou não. Mas ser feliz, sentir-se plenamente realizado, depende do que você está disposto a fazer pelos outros.

Eu sei... não tenho como provar que a minha tese dá resultados positivos. É verdade. Você vai ter de experimentar, como eu fiz há alguns anos.

Existem ações tão simples quanto andar para a frente, mas que me ajudaram muito a *encontrar a felicidade*. Você as conhece bem. Todas são como peças que compõem a vida espiritual. Elas mudaram a minha visão de mundo; quem sabe, possam mudar a sua também...

- **Humildade**. Ser humilde não é se apresentar como uma pessoa frágil, mas não afirmar que é a mais forte. Se você se coloca sempre no topo do mundo, *para onde mais crescerá?* Ser humilde é reconhecer que podemos crescer mais, com erros e acertos. Dessa forma, nós teremos sempre bons motivos para perseguir novos alvos. *E a vida em crescimento traz felicidade.*

- **Sensibilidade**. Sempre há um lado que não conhecemos na vida de alguém. Ter sensibilidade é perceber que esse lado existe e que as pessoas não merecem ser rotuladas pelo "dia de hoje". Em vez de fugir de quem está deprimido, invista tempo para ouvi-lo um pouco. Ser sensível com as dificuldades

> As pessoas mais felizes raramente são as mais ricas, ou as mais bonitas, ou mesmo as mais talentosas. Seus olhos estão voltados para fora, compassivos. Elas têm a capacidade de amar.
> ~Jane Confield

dos outros faz com que as pessoas sejam mais sensíveis com a nossa felicidade.

- **Paciência.** Agir precipitadamente é a melhor maneira de nunca ser feliz. O tempo interfere em todos os aspectos da nossa vida. E se não sabemos esperar para agir no momento oportuno ou perderemos a chance de ser feliz, ou faremos alguém infeliz. De qualquer forma, o resultado não será agradável. *Tudo tem o seu tempo, inclusive a conquista da tão sonhada e esperada felicidade.*

- **Justiça.** Há tantas definições de justiça espalhadas pelo mundo que fica difícil arriscar mais uma. Bem, prefiro me valer da simplicidade: *ser justo é simplesmente fazer a coisa certa.* De que adianta o fato de minhas palavras serem retas se minhas atitudes me condenam? A pessoa que age corretamente não vive com o peso da culpa sobre os ombros. *Com a vida mais leve, é muito mais fácil ser feliz.*

- **Compaixão.** Preocupar-se com aqueles que sofrem não é apenas um ato solidário, mas também um *investimento espiritual*. Quem se dispõe a ajudar sempre encontra auxílio nas horas mais difíceis. Muitas pessoas passam a vida sozinhas porque nunca estenderam a mão a quem precisa. *Você sempre vai precisar que alguém complete a sua felicidade. Pode ser hoje, pode ser amanhã.*

> O coração humano pode produzir qualquer tipo de fruto; só depende do tipo da semente.

- **Pureza.** Talvez essa seja a disciplina que mais desenvolve a vida espiritual. Mas não estou falando daqueles que fazem questão de ostentar grande rigidez de princípios morais e ficam proibindo tudo o que encontram pela frente. Quase sempre, são esses os que mais atentam contra a moral. A pureza na vida espiritual é a do coração. *E quem tem o coração puro consegue enxergar a felicidade de longe, e caminhar em direção a ela.*

> É bem difícil descobrir o que gera felicidade; pobreza e riqueza falharam nisso.
> ~Elbert Hubbard

- **Paz**. Como pensar em paz num mundo tão violento? Mas será que o mundo está assim mesmo ou são as pessoas que "aprenderam" a ter prazer na guerra? De fato, nunca encontraremos a paz se ela não nascer primeiro dentro de nós. No que depender de você, tente estar bem com as pessoas. *Imagine a paz como a porta por onde passa a felicidade. Então, se a porta estiver fechada...*

- **Tolerância**. A falta de tolerância tornou-se a principal "praga emocional" dos dias de hoje. Mais e mais, as pessoas se agrupam por afinidades e desprezam qualquer um que seja diferente. Mas espere um pouco. Não é a diferença entre as pessoas que as fazem descobrir novos potenciais? *Talvez a felicidade venha por um caminho que você ainda não tenha experimentado; um caminho diferente.*

- **Quietude**. As pessoas correm tanto de um lado para o outro que mal conseguem parar para fazer uma refeição agradável. Como as pessoas podem sentir a felicidade se não conseguem sentir a própria respiração? Ser feliz está diretamente relacionado à nossa capacidade de nos interiorizarmos. *Se as pessoas parassem um tempo, poderiam até*

> **Se você não consegue ser feliz com o que tem hoje, dificilmente será feliz com o que tiver amanhã.**

notar que já possuem um pouco de felicidade... apenas ainda não se aquietaram para perceber isso.

...

Não sou muito fã de listas de atitudes, mas reconheço que algumas são extremamente necessárias. Ser mais humilde, fazer o que é certo ou ser reflexivo, por exemplo, embora não sejam garantias de felicidade, são atitudes que nos *preparam para a felicidade*.

Ser feliz, como você sabe muito bem, não envolve uma lógica perfeita; não há certeza absoluta de como ser feliz. No entanto, já está mais que provado que a felicidade não vem por meio daquilo que se imagina mais comumente. Não é a quantidade (ou a qualidade) de bens de consumo que promove a felicidade. Há tanta gente que tem de tudo o que se pode imaginar, porém não consegue ser feliz. Enquanto isso, há pessoas que gastam duas horas só para voltar do trabalho, mas, ao chegar em casa, encontram força (*não sei onde!*) para lançar o filhinho para o alto e brincar até desmaiar. Isso é felicidade! Não estou dizendo que "dinheiro não traz felicidade". Apenas acredito que dinheiro não tem poder em si de nos fazer felizes.

Às vezes, tenho de ficar no escritório até um pouco mais tarde para ajustar alguns processos. Num desses dias, acho que, instintivamente, desliguei-me do trabalho por alguns segundos e comecei a pensar em minha família. *Senti um desejo enorme de comprar um presente especial para cada um deles*. Se não conseguimos enxergar a felicidade nas pequenas coisas, não poderemos enxergá-la em absolutamente nada. E foi isso o que fiz... Mas preciso dizer que, enquanto eu comprava os presentes, fui sendo preenchido por um sentimento de satisfação incrível. Aquilo não tinha nexo, afinal eu mesmo não receberia presentes. Será?

É engraçado... como pode a felicidade dos outros me fazer feliz também? De vez em quando, as pessoas acordam, olham pela janela e, sem motivo algum, exclamam: *Ah, que dia lindo! Sinto-me tão feliz hoje!*

Quer saber de uma coisa? Eu acredito mesmo que a felicidade já esteja dentro de nós. E a tristeza é uma forma de sufocamento interior, que tenta anular as coisas boas que podemos sentir. Talvez, através das atitudes espirituais que descrevi, possamos enxergar o melhor dentro de nós.

Espere um pouco... Minha esposa acabou de me convidar para tomar uma xícara de café com pão caseiro (*que ela mesmo preparou!*). Existe felicidade melhor do que essa?

CARBONO PURO
CRISTALIZADO

Meu filho mais velho, *Rafael*, é um adolescente bem sossegado. Quase não me dá trabalho e sabe o que quer da vida; tem acreditado e lutado pelos seus sonhos. No entanto, nem sempre foi assim.

Quando tinha três anos de idade, Rafael era chamado pelos vizinhos de "terrível". Pense no menino mais agitado que você já conheceu. Agora, multiplique por dez! O Rafael era bem mais do que isso!

> Sua visão se tornará mais clara somente quando você olhar para dentro do seu coração. Quem olha para fora sonha; quem olha para dentro acorda.
> ~*Carl Gustav Jung*

Meu coração de pai resiste, mas tenho de admitir, ele era realmente *terrível* mesmo. Fazia escândalo dentro do shopping, jogava-se no chão, derrubava coisas, quebrava os brinquedos, riscava as paredes de casa, espancava as outras crianças. Ah, meu Deus! Só de lembrar, sinto um nó no estômago. Quando meus amigos desconfiavam de que eu estava me aproximando para conversar sobre o comportamento do Rafael, eles já disfarçavam, inventavam alguma desculpa e, literalmente, *fugiam*.

Certa vez, tive a péssima ideia de presenteá-lo com uma "marreta" do *Chapolin*. Quando as visitas chegavam lá em casa, Rafael as recebia com "marretadas", já na porta do apartamento. Dá para imaginar? Ele chamava minhas amigas de "sua bruxa", e por aí vai...

Cheguei a ler dezenas de livros que tratavam da hiperatividade infantil, porém não conseguia aplicar nada ao temperamento do Rafael. Tentei todo tipo de disciplina que se possa imaginar: castigo, sentar no tapete, ficar sem assistir à TV, sem tomar refrigerante, sem comer sobremesa... *mas nada surtia efeito*. Sinceramente, eu não tinha a menor ideia do que fazer.

Até que... fui jantar na casa de uma amiga e psicóloga, a *Raquel*. Enquanto os demais convidados não chegavam, ficamos conversando na sala; aproveitei para falar sobre a agitação do Rafael (*que naquele exato momento estava quebrando alguns enfeites da estante!*).

Raquel, muito calma e gentil, me disse: Marcelo, *a hiperatividade do Rafael é reflexo da inteligência dele, e da vontade que tem de ser útil. Você precisa in-*

> **A pior rejeição que sentimos acontece quando, por qualquer razão, rejeitam os nossos filhos.**

seri-lo em atividades nas quais ele possa se sentir importante e parte de algo maior.

Na verdade, eu estava tão preocupado com o que ia gastar para ressarcir os enfeites que Rafael havia quebrado que

> Não é suficiente que façamos o nosso melhor; às vezes temos de fazer o que é preciso.
> ~Winston Churchill

não consegui prestar muita atenção no que ela me dizia. *Quer ver uma coisa?*, afirmou Raquel decidida.

Ela daria naquela noite um cartão de Natal para cada convidado. A ideia era colocar os cartões sobre as cadeiras em que se sentariam.

Raquel foi até o Rafael, segurou suas mãos com carinho, olhou bem dentro de seus olhos e disse: *Rafael, você quer me ajudar a colocar estes cartões no lugar certo?* Para o meu espanto, ele tomou os cartões nas mãozinhas e começou a ajudar, em silêncio e com uma dedicação impressionante.

Esse não é o meu filho!, pensei. Raquel piscou o olho para mim como se quisesse dizer: *Está vendo só! Ele apenas quer se sentir útil e parte de alguma coisa.* Nada melhor do que uma amiga (*e psicóloga*) para abrir os nossos olhos.

Naquele momento, percebi que as pessoas carregam dentro de si atitudes e talentos extraordinários, mas nem sempre não conseguem expressá-los, como acontecia com o Rafael. Ele só precisava de alguém que lhe mostrasse o que havia em seu interior, ou seja, *o Rafael de verdade*.

Sinceramente, acredito que todo ser humano tem um certo grau de espiritualidade. O que acontece é que poucos exploram essa face da vida; a maioria experimenta apenas o lado natural das coisas.

> É por isso que os relacionamentos são extremamente importantes: as pessoas nos ajudam a ver o que temos por dentro.

Bem, a essa altura, eu imagino que seja necessário descortinar a minha posição com relação à vida espiritual.

Para mim, ser espiritual não significa seguir uma religião, necessariamente. Ainda que a expressão latina "religare" descreva a ação do homem de tentar se religar a Deus, no contexto moderno essa conotação já se perdeu faz tempo. A religião tornou-se a forma mais eficaz de uma pessoa exercer domínio sobre outra. Hoje, *religião é sinônimo de intolerância e preconceito*. "Religiosos" assassinam em nome de um Deus e acham isso a coisa mais natural do mundo!

Na minha visão, ser espiritual é uma escolha por atitudes que não fazem mais parte da natureza humana, tais como: *amor, alegria, paz, paciência, benignidade, bondade, fidelidade, mansidão, domínio próprio*. Algumas dessas características nascem com o ser humano, porém quase todas se perdem ao longo da vida. Ser espiritual é exatamente resgatar esses conceitos e aplicá-los novamente no dia a dia, na família, no trabalho, nos relacionamentos, em qualquer circunstância.

Enquanto você lê este capítulo, talvez algumas questões já tenham feito um "toc-toc-toc" em sua mente. *Será que eu sou uma pessoa espiritual?* Embora eu não seja vidente, posso afirmar que sim, você é uma pessoa espiritual. Você e eu somos espirituais; todos são espirituais; a única diferença está na maneira como as pessoas desenvolvem e aplicam a sua espiritualidade. Apenas isso.

Pense comigo. Alguém duvida de que Ronaldo, *o Fenô-*

meno, tinha um talento singular para o futebol? Claro que não! Mas se ele não tivesse sido bem treinado, conseguiria alcançar o *status* de melhor jogador do mundo por três vezes? Claro que não!

Então, a moral da história é bem simples: *temos habilidades latentes dentro de nós que podem ser desenvolvidas ou não*. Assim como Ronaldo teve de descobrir o seu potencial para o futebol, *precisamos encontrar a nossa espiritualidade*.

De certa forma, todos somos uma pedra de *carbono puro cristalizado*, ou seja, um diamante. Apenas precisamos ser lapidados. Como fazer isso? Bem, depois de tantas páginas escritas, acho que posso fazer um pouco de suspense. Dizem por aí que a última fatia do bolo é sempre a mais saborosa.

Ponto de Referência

Numa bela tarde de verão, meus cunhados e eu decidimos viajar para o interior de Minas Gerais, a fim de visitar alguns familiares. Preparamos nossa bagagem e entulhamos tudo dentro de um Chevette 83 azul (*meu primeiro carro*).

Dizem que os cunhados são pedras no sapato. Os meus são bem diferentes. Até que temos muita afinidade.

Tudo pronto, partimos para nossa aventura. Destino? Uma cidadezinha chamada *Astolfo Dutra*. Na parte final da viagem (assim a gente imaginava), per-

> Habilidade é o que você é capaz de fazer. Motivação determina o que você faz. Atitude define quanto você faz isso bem-feito.
> ~Lou Holtz

guntamos a um senhor na beira da estrada se faltava muito para a tal cidade. Aquele homem muito simples e gentil sorriu e disse: *Meus filhos, vocês encontrarão um posto de gasolina logo ali; peguem a primeira à direita e sigam em frente.*

Ele estava correto; só havia um detalhe: ele se esqueceu de nos avisar que o "logo ali" viria depois de 72 quilômetros, numa estrada completamente deserta! Só não voltei para "conversar" com aquele senhor porque... era muito longe, e estávamos realmente esgotados.

Na vida espiritual, pode ocorrer algo semelhante; as pessoas buscam o crescimento espiritual por meio de referências totalmente díspares, o que causa confusão de sobra. Em vez de se tornarem mais espirituais, elas acabam se afastando mais; e o que é pior, decepcionadas.

Em boa medida, isso acontece porque são raros *bons modelos de espiritualidade.* Sem uma referência de confiança, dificilmente saberemos para onde caminhar na vida espiritual. Se você pretende ser mais espiritual, precisará definir um modelo que lhe aponte o Norte e *que esteja num patamar acima.* Isso é importantíssimo.

Vamos pensar mais sobre isso. Quando um advogado defende um cliente que não recebeu o produto que comprou, que publicação ele estuda para tentar justificar seus argumentos? Isso mesmo. *Código de Defesa do Consumidor.* Em outras palavras, ele procura uma referência apropriada (e que seja base) para alicerçar sua estratégia de defesa.

Quando um projeto de lei é preparado no Congresso Nacional, os deputados e senadores devem ter como referência

> **Experiências simples podem esconder verdades capazes de nos transformar.**

maior a *Constituição*, para não quebrar princípios fundamentais; pelo menos, deveria ser assim. Ainda que esteja sujeita a interpretações diferentes, a Constituição deve ser o filtro de todas as leis.

> Antes que amor, que dinheiro, que fama, conceda-me a verdade.
> ~Henry David Thoreau

Assim, chegamos ao momento da pergunta inevitável: *Qual é a sua referência espiritual?* Para quem você está olhando ao desenvolver a sua espiritualidade? Enquanto você pensa com calma na resposta, deixe-me contar como encontrei a minha referência...

Havia por volta de dois meses que eu tinha chegado a São Paulo. Um colega de trabalho, que hoje é um dos meus melhores amigos, percebendo que eu ficava pelos cantos, convidou-me para assistir a uma peça teatral infantil.

Reconheço que só aceitei para não parecer deselegante. Por quê? Simples. Meu casamento estava destruído, minhas finanças beiravam o caos, minha vida emocional dava sinais de falência absoluta. A última coisa que eu queria era assistir a crianças dançando e cantando. Eu adoro crianças, mas não estava disposto naquele momento. Mesmo assim, lá fui eu... *Só não contava com uma daquelas surpresas que, de vez em quando, a vida nos reserva.*

Depois da apresentação, meu amigo insistiu para que eu conhecesse uma jovem do Canadá, *Christine*, que estava de passagem pelo Brasil. *Ela gostaria de orar por você*, disse-me enquanto caminhávamos para onde ela estava, na frente do palco. *Sabe de uma coisa, eu não acredito nessas coisas, mas tudo bem. Vamos ver até onde isso vai dar*, pensei.

Logo depois que ela me cumprimentou em inglês, co-

> Quando menos esperamos, a vida pode dar uma guinada de 180 graus.

meçou a me dizer algumas coisas sem nexo, até que... segurou as minhas mãos, com uma sinceridade indescritível, e disse: *Jesus ama você.*

Eu já tinha ouvido aquela frase um milhão de vezes. No entanto, daquela vez, *parecia diferente*. Mas eu não saberia lhe explicar por que e como foi diferente. Apenas parecia ser verdadeiro o que eu tinha ouvido. Mas, como um bom físico que eu era, tentei reagir da forma mais racional possível. *Foi apenas uma frase comum; nada mais*, concluí.

Bem, eu sou apaixonado pela razão, mas também bastante curioso. Assim, não resisti e comecei a ler algumas coisas sobre esse tal "Jesus", que disseram que me amava. Minha intenção, na verdade, era desmascarar aquela moça canadense e voltar logo ao meu ritmo de vida. Entretanto, para minha surpresa, quanto mais eu lia, mais me inclinava a admirá-lo. *Seus ensinos eram tão simples...* Seu amor pelas pessoas, tão contagiante. Ele não me parecia ser excludente, como a maioria dos líderes religiosos.

Eu não queria abrir mão da minha razão, de pensar a vida com seriedade e lógica, todavia também não pretendia desprezar aquilo que estava sentindo. Aquela simples frase tinha mexido comigo de um jeito irreversível. *Assim nasceu a minha espiritualidade...*

Por favor, não me interprete mal. Eu não estou aqui tentando convencê-lo a adotar meus princípios espirituais. Mesmo porque o Estado brasileiro é laico, ou seja, não tem religião oficial. Contudo, não seria ético escrever sobre a *vida espiritual* sem revelar a *minha referência*.

Muitos autores já abordaram os ensinamentos de Jesus, com relação à liderança e administração. Outros exploraram sua sensibilidade para a psicologia. Há dezenas de livros sobre esses temas nas livrarias.

Eu sei, isso não prova nada, mas abre um pouco mais a lente do nosso entendimento: *talvez as palavras de Jesus tenham algo de bom a nos ensinar.*

Eu sei que os ensinamentos de Jesus não são unanimidade entre as pessoas. Eu sei. Inclusive, existem dezenas de doutrinas espirituais espalhadas pelo mundo com milhões de seguidores. E, de fato, não tenho o direito de julgar nenhuma delas, ou de afirmar que a minha posição espiritual é a melhor ou a verdadeira.

Por isso, eu só posso responder por mim mesmo: hoje, sinto-me uma pessoa melhor por desenvolver uma espiritualidade cujos princípios nascem dos ensinos de Jesus. Minhas atitudes mudaram profundamente. Eu amo mais minha família, meus amigos, meu trabalho... a vida.

Agora, a transformação das minhas atitudes garante que eu esteja certo na referência da minha espiritualidade? Não. Esta é a coisa mais linda da vida; por mais que tentemos, *não conseguiremos produzir a verdade, podemos apenas descobri-la...* dentro de nós.

Como você já deve ter notado, na vida espiritual, não há a segurança da lógica ou a precisão da aritmética. Existe apenas um caminho a seguir, com algumas incertezas e com atitudes que resgatam o *encanto pela vida*. Experimente.

> Todo homem está completamente convencido de que existe uma coisa chamada verdade, ou ele nunca perguntaria nada.
> ~*Charles Sanders Peirce*

...

Eu estava sentado diante do meu computador quando ouvi meu filho mais novo, *Caio*, dizer que minha esposa era linda. Para mexer com ele, chamei-o ao escritório e perguntei que, se a mamãe era linda, então o papai era o quê. Ele coçou a cabeça, meio sem jeito, e disse: *Ah, você sabe dirigir carro!* Depois, não satisfeito em acabar comigo, ainda me disse que ele sabia dirigir moto *sozinho*. Detalhe: no auge dos seus três anos de idade.

Na verdade, todos nós somos um pouco assim; sempre avaliamos nossas habilidades bem acima da média. *Minimizamos os defeitos e realçamos as qualidades.* E nem sempre a nossa visão de mundo reflete o que precisamos para crescer espiritualmente. Enquanto as pessoas agirem assim, por *defesa emocional*, não vejo tanto problema. A questão é que esse tipo de comportamento não nos motiva a crescer. Se uma pessoa afirma que não tem defeitos, mas só qualidades, por que ela buscaria aprimorar sua vida? O crescimento espiritual não deveria ser uma opção, mas uma necessidade premente.

As pessoas não desenvolvem a sua espiritualidade porque imaginam que não precisam, ou pensam que isso é *coisa de religioso*. Infelizmente, muitos só tomam a iniciativa de serem mais espirituais quando passam por dificuldades extremas. *Mas não precisa ser assim com você.* Quanto antes, tente ouvir a voz suave que vem de seu interior e busque uma referência segura para desenvolver sua espiritualidade. Mas seja cuidadoso. Guarde o seu coração de coisas que *parecem espirituais*, mas, no fundo, anulam o amor.

> **Ninguém pode nos convencer a nada, a não ser a nossa própria experiência.**

O que mais me atraiu em Jesus foi a simplicidade de suas atitudes. Ele se alegrava com as crianças, tratava todo mundo de igual para igual, sem preconceitos, sem máscaras, com uma tolerância que só existe no coração de quem leva o amor a sério. Ele se preocupava com as pessoas simplesmente porque eram pessoas.

> A verdade reside em todo coração humano, e cada um deve procurar por ela lá, e ser guiado pela verdade assim que a veja. Mas ninguém tem o direito de forçar os outros a agirem de acordo com sua própria visão da verdade.
> ~Mahatma Gandhi

. . .

Neste mundo tão competitivo e agitado em que nós vivemos, "olhar para cima" — ou seja, *desenvolver a própria espiritualidade* — pode parecer perda de tempo. E eu sei que é natural as pessoas pensarem assim. Afinal, ser espiritual retira um pouco a nossa independência, pois temos de aprender a lidar com coisas que, na maioria das vezes, não se encaixam na nossa percepção física e no perfil cultural que adotamos. Se já é tão difícil nos relacionarmos com pessoas as quais vemos, imagine tentar fazer a mesma coisa, por exemplo, com um Deus... a quem não podemos ver!

Portanto, por mais que eu tente apresentar aqui argumentos em favor da espiritualidade, não conseguirei provar nada para você. Simplesmente, porque espiritualidade não se prova, se experimenta. E essa experiência (ou busca, se você preferir) começa quando reconhecemos que *a vida só pode ser preenchida de dentro para fora.*

Você já se sentiu *vazio* mesmo com excelente situação financeira? Você já se sentiu *sozinho* mesmo cercado por

> A riqueza do amor não está nas palavras ou na satisfação pessoal, mas na sua simplicidade.

pessoas que fazem parte da sua vida? Você já se sentiu *incompleto* mesmo após a realização de um grande sonho.

Perdoe-me se eu estiver sendo invasivo. Não é minha intenção. O que eu preciso lhe dizer é que nada do que vem de fora pode preencher sua vida. Você pode até construir uma carreira impecável (e estou certo de que você alcançará esse objetivo), pode ter uma família linda, pode lutar bravamente para transformar a sociedade, mas... isso não é garantia de que seu coração será preenchido. Todas essas coisas, sem dúvida alguma, podem fazer seu coração bater mais forte, porém não poderão enchê-lo.

O que fazer então? Bem, tente começar reconhecendo que a *sua vida* não se completa sozinha; e o que completa a sua vida não pode ser encontrado em você mesmo. Assim como o potencial de uma semente depende de terra, água e luz, nós dependemos de "outros ingredientes" para nos sentirmos preenchidos e felizes.

Será que eu poderia lhe fazer uma proposta? Assim que você concluir a leitura deste livro, procure um lugar tranquilo (se possível, longe da correria do trabalho), feche os seus olhos por um instante e faça uma oração sincera.

Deixe de lado as formalidades; converse como um filho que simplesmente deseja ouvir a voz do pai. Apenas deixe fluir as palavras que vierem do coração, como se fossem águas que brotam naturalmente de uma fonte...

Se você chegou ao final deste livro, é sinal de que quer tentar mudar de atitude, não é mesmo? Então, por favor, considere a minha proposta. A oração é uma das formas mais simples e singelas de encontrarmos a verdadeira espiritualidade. Isso é importante para que você mesmo sinta e compreenda como deve caminhar na vida espiritual.

O resultado da sua oração? É difícil dizer... Mas tenho de concordar com C. S. Lewis:

> *"As minhas orações não mudam a Deus,*
> *mudam a mim mesmo."*

www.imagemdigital.com.br